KB037024

알면 알수록 돈이 되는 세금상식과 절세 비법

하마터면 세금상식도 모르고 세금 낼 뻔 했다

팬덤북스

알면 알수록 돈이 되는 세금상식과 절세 비법

하마터면 세금상식도 모르고 세금 낼 뻔 했다

팬덤북스

차 례

Chapter 4 부동산 보유자라면 반드시 알아야 할 세금상식

세금상식만 알아도
알뜰하게 돈 벌고 낭패 보지 않는다!

새벽까지 글을 쓰느라 정오를 앞두고 일어났습니다. 시원한 커피가 마시고 싶어 주섬주섬 옷을 챙겨 입고 집 앞 커피숍에서 아이스 아메리카노를 4,400원을 주고 마셨습니다. 끊어야겠다고 늘 마음만 먹는 담배마저 똑 떨어져 근처 편의점에서 담배 한 갑을 4,500원을 주고 구입했습니다.

담배 한 개비를 입에다 물고 이런저런 생각에 잠시 빠집니다.

'이런, 오늘 점심 약속이 있었잖아.'

중요한 약속인데 깜빡하고 있었네요. 급하게 차에 시동을 걸어 출발하려는데 오일 경고등에 불이 들어왔습니다. 주유소에 들려 71,000원치 기름을 가득 채워 넣고 약속 장소로 서둘러 이동합니다.

약속 시간에 조금 늦게 도착해서 미안한 마음에 점심으로 먹은 갈비탕 22,000원을 제가 계산했습니다. 그와 헤어지고 집으로 오는 길에 빵집에 들러 아들 녀석이 좋아하는 빵을 22,000원을 주고 구입했습니다.

눈을 뜨자마자 마신 커피에는 400원의 부가가치세가 포함되어 있었고, 담뱃값 4,500원에는 담배소비세, 지방교육세, 개별소비세 등 담뱃값 74% 정도가 되는 3,318원의 세금이 포함되어 있습니다. 주유소에서 넣은 기름값에는 교통 에너지 환경세, 교육세, 주행세, 부가가치세 등 가격의 62% 정도 되는 44,000원 정도의 세금이 부과됩니다. 그리고 점심값에도 2,000원, 빵값에도 2,000원의 부가가치세가 포함되어 있죠.

저도 모르게 오늘 하루 51,000원 정도의 세금을 낸 것이에요.

세금은 세금에 대한 지식이 없고 불필요한 소비를 많이 할수록 더 많은 세금을 내게 됩니다. 대부분의 사람들이 세금에 대해 알려고 하지 않고, 그러다 보니 절세와는 점점 멀어지는 모습들

을 보며 누군가는 세금에 대한 기본적인 지식은 알려주어야겠다
고 저는 생각했습니다.

　이 책을 집필한 이유입니다.

　세금에 대해서 한번 알아볼까요?

　평소 사용하지 않는 용어들로 어렵다고 느낄 수도 있습니다. 용
어들이 낯선 거지, 어려운 것은 아니에요. 낯섦을 극복하는 방법
은 자주 접하는 것입니다. 만약 읽어도 이해가 되지 않는다면 동
일한 내용을 천천히 두세 번만 다시 읽어 보세요.

　그러면 단어가 친해지는 경험을 할 수 있을 것이에요.

　세금은 크게 세 가지로 구분됩니다.

　소득과 관련된 세금 (법인세, 소득세), 소비와 관련된 세금 (부
가가치세, 개별소비세), 재산과 관련된 세금 (보유세, 양도소득세,
상속·증여세)으로 구분할 수 있습니다. 창업을 하게 되어 사업자

등록증을 발급받으면 주로 소득에 대한 세금(종합소득세)과 소비에 대한 세금(부가가치세)을 부담하게 됩니다.

집을 사면 취득세, 팔면 양도소득세를 납부해야 합니다. 보유만 해도 재산세, 종합부동산세를 부담해야 합니다.

이런 세금에 조금만 관심을 가지고 알아 간다면 고스란히 세금이 줄어듭니다. 반대로 세금에 무관심하게 되면 세금 폭탄이라는 부메랑이 되어 돌아올 수도 있습니다.

이 책에서는 초보 직원, 초보 사장 그리고 세알못 씨가 등장합니다. 독자 여러분의 평소 세금 궁금증을 그들이 대신 질문할 것이고 택스 코디가 그에 대한 답을 알기 쉽게 설명할 것입니다. 조금만 인내심을 가지고 책을 읽으면 많은 도움이 될 것입니다.

그럼 책장을 넘겨볼까요.

Chapter 1

이 정도의
세금상식은 기본!

1

온라인 세금신고로
한방에 해결하자

    절세를 통해서 절약할 수 있는 돈은 생각보다 큽니다. 적게는 몇 만 원에서 많게는 몇 천만 원까지 차이가 납니다. 그러므로 세 테크를 통해 절약한 돈을 다시 투자해 활용하는 사람이 부자가 되는 것입니다. 하루라도 빨리 경제적 자유를 얻고 싶다면 세금 공부는 이제 필수입니다.

    절세에 관심이 있는 사람이라면 알아 두면 도움이 되는 사이 트 목록입니다.

국세청

    국세에 대한 종합적인 정보를 제공 하고 있다.

www.nts.go.kr

홈택스

국세 전자신고 전문 사이트로 세금 관련 다양한 업무를 처리한다.

www.hometax.go.kr

위택스

지방세 관련 종합정보를 제공하고 있다. www.wetax.go.kr

4대사회보험 정보연계센터

4대보험 공통신고 접수 및 4대보험 가입내역을 확인할 수 있다. www.4insure.or.kr

국세법령정보시스템

세금법령 사이트 txsi.hometax.go.kr/docs/main.jsp

살아가다 보면 세금 문제에 맞닥뜨리게 됩니다. 이럴 때는 주위 사람들에게 물어보거나 책이나 인터넷 검색의 도움을 받기도 하는데, 세법이 방대하고 자주 접하는 문제도 아니라서 이해도 잘 안 됩니다. 또는 이해는 가는데 이 정보가 맞는 것인가 하는 의심이 들 때가 있습니다.

저도 책을 쓰고 강의를 위해서 계속 세금 공부를 하는데, 저는 아래의 기관을 이용하여 정보의 옳고 그름을 따지는 데 도움을 받기도 합니다.

국세상담센터

전국 어디서나 국번 없이 126번으로 전화하여 세금 관련 상담을 받을 수 있습니다. 일반 상담은 평일 오전 9시부터 오후 6시까지 가능합니다. 한정된 인력으로 운영되기에 신고기간을 앞두고서는 대기시간이 상당히 걸립니다.

인터넷 상담

홈택스에서 국세에 관한 궁금한 사항을 질문하면 답변을 받을 수 있습니다.

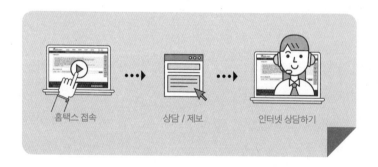

홈택스 접속   상담 / 제보   인터넷 상담하기

세무서 납세자보호 담당관실

세무서를 직접 방문하여 궁금한 사항을 물어 볼 수 있습니다.

전국의 모든 세무서에 설치되어 있는 납세자보호 담당관을 찾아가서 상담하면 됩니다.

해당 시청, 군청, 구청

지방세에 관하여 궁금한 경우에는 해당 시청, 군청, 구청 세금과에 문의하면 됩니다.

창업자 멘토링 서비스는 국세청이 신규 개인창업자 등이 사업에 전념할 수 있도록 세무행정 전반에 대한 맞춤형 무료 세무자문 서비스를 제공하는 것입니다. 세무대리인이 선임되지 않은 상태에서 신규로 창업하는 개인사업자 및 장애인 사업장 그리고 예비 창업자 들은 누구나 신청할 수 있다. 또한 개인사업자들이 해당 멘토링 서비스를 신청하면 관할 세무서 담당직원과 영세납세자지원단 소속의 세무대리인들로 구성된 세무도우미로부터 무료로 세무자문 서비스를 제공받을 수 있습니다.

창업자 멘토링 서비스는 멘토 지정일로부터 다음 연도 종합소득세 확정신고(다음 연도 5월)를 마칠 때까지(최장 1년 5개월 동안) 진행되며, 창업자가 멘토링 중단을 원하는 경우 정해진 기간 이전에 종료가 가능합니다. 또한 해당 기간 동안 신청자는 인허가 및 4대 보험신고, 사업자등록 등 창업단계에서 필요한 사항 및 홈택스 서비스 활용방법, 부가가치세 등 세금신고와 관련된 사항 등 각종 세무업무에 대하여 상담 받을 수 있습니다.

창업자 멘토링 서비스는 각 세무서 납세자 보호실 전담 상담창구를 통해 신청하거나 국세청 홈페이지 영세납세자 도움방을 통하여 신청할 수 있습니다. 멘토 지정을 신청하면 세무서 납세자 보호 담당관이 영세납세자지원단 중 내·외부 세무도우미 각 1명을 지정하여 신청자와 연락할 수 있도록 주선합니다.

직장인은 연말정산,
프리랜서는 종합소득세 신고

4대보험을 적용받고 있는 직원이라면 대부분 근로소득자라고 보면 됩니다. 근로소득으로 처리되는 경우에는 연말정산 대상자에 해당하기 때문에 사업주는 매년 2월 연말정산도 해야 합니다. 연말정산이란 지난 1년간의 근로소득 전체에 대한 최종 세금과 매월 원천징수한 세금의 합계를 비교한 후 전자가 크면 세금을 더 납부해야 하고, 후자가 크면 차액만큼 환급을 받는 것을 말합니다.

세법에서는 당해연도 근로소득금액에서 종합소득공제를 한 후 이를 근거로 종합소득세 산출세액을 계산하고 세액공제 및 기원천징수된 세액을 공제한 후, 만약 이미 원천징수하여 납부한 소득세가 재계산한 금액을 초과한 경우에는 그 초과액은 당해 근로소득자에게 환급해야 한다고 규정합니다.

아래 공식으로 간단히 정리해보겠습니다.

> [(1년간 총급여 − 근로소득공제) − 종합소득공제]
> × 세율 − 근로소득세액공제 : A
>
> 1년간 간이세액표에 의해 매월 원천징수된 금액의 합계 : B

A가 B보다 크면 추가로 세금 납부, B가 A보다 크면 환급을 받습니다.

연말이 되면 각종 언론에서 연말정산을 통해 많은 세금을 환급받는 것처럼 오인하게 하는데 이는 공제받을 항목이 많거나, 부양가족이 많을 경우이지 단독공제 대상자의 경우에는 오히려 추가 납부를 하는 경우도 제법 생깁니다.

프리랜서는 3.3% 원천징수된 소득으로 인해 근로소득자가 아닌 사업소득자로 분류되어 종합과세가 되므로 1년간의 소득 및 경비를 연말정산 기간이 아닌 종합소득세 신고 기간인 5월에 신고하고 납부해야 합니다. 이때 원천징수된 소득이 결정세액보다 많은 경우, 즉 납부세액이 마이너스일 경우 세금은 환급이 발생합니다. 프리랜서 역시 개인사업자와 신고 방법은 동일합니다. 장부기장에 의한 신고를 할 것인지, 추계신고를 할 것이냐에 따라 신고 방법이 달라집니다.

장부기장에 의한 신고 시 소득금액 계산

소득금액 = 총수입금액 − 필요경비

추계신고 시 소득금액 계산

기준경비율 적용 대상자 소득금액 = 수입금액 − 주요경비 − (수입금액 * 기준경비율)

단순경비율 적용 대상자 소득금액 = 수입금액 − (수입금액 * 단순경비율)

프리랜서가 필요경비로 인정받을 수 있는 대표적인 항목

차량과 관련하여 지출된 비용, 통신비 등

프리랜서는 통상 보수에서 3.3%를 공제하고 지급을 받는 사업 소득자입니다. 그러므로 발생한 사업소득에 대해 연말정산을 하는 것이 아니라, 5월에 종합소득세 신고를 해야 한다고 앞서 얘기했습니다. 그런데 프리랜서임에도 연말정산을 하는 경우가 있습니다. 아래와 같습니다.

보험모집인

독립된 자격으로 보험가입자의 모집 및 이에 부수되는 용역을

제공하고, 그 실적에 따라 모집수당 등을 지급받는 자

방문판매원

방문판매업자를 대신하여 방문판매업을 수행하고 그 실적에 따른 판매수당을 받는 자

음료배달판매원

독립된 자격으로 음료품을 배달하는 계약배달 판매 용역을 제공하고 판매실적에 따른 판매수당 등을 받는 자

매년 5월 종합소득세
신고를 해야 하는 개인사업자

세금은 세 가지로 구분됩니다. 소득과 관련된 세금(법인세, 소득세). 소비와 관련된 세금(부가가치세, 개별소비세), 재산과 관련된 세금(양도소득세, 상속·증여세)으로 구분할 수 있습니다.

개인사업자는 주로 소득에 대한 세금(종합소득세)과 소비에 대한 세금(부가가치세)을 부담하는 것입니다. 부가가치세와 종합소득세를 계산하는 원리는 간단히 정리하면 번 돈에서 벌기 위해 쓴 돈을 차감하는 방식입니다.

이런 세금에는 숨겨진 함정이 있습니다. 과세기간과 신고기간이 다르다는 큰 함정이 있습니다. 예를 들면, 종합소득세의 과세기간은 전년도이고, 신고기간은 당해 5월 31일까지입니다. 그러기에 신고를 앞두고는 할 수 있는 일이 없습니다. 그런데 많은 사람들이 신고 기간을 앞두고 어떻게 해야 할까를 문의합니다.

절세는 미리 알고 대비할 때 가능합니다. 아무리 유능한 세금 대리인을 고용하더라도 신고기간이 임박해서는 아무 것도 할 수 있는 것이 없습니다. 많은 사람이 신고 및 납부 고지서가 날아오기 전까지 어떤 세금을 얼마나 내야 하는가를 모릅니다. 아니 별로 관심이 없습니다. 그러다가 적지 않은 세금에 깜짝 놀라는 경우를 종종 보곤 합니다.

1934년 조선소득세령에 의해 처음으로 우리나라에 소득세가 도입되었습니다. 제1종 법인소득세, 제2종 원천 과세되는 법인과 개인의 이자, 배당 소득, 제3종은 2종에 속하지 않는 개인소득으로 매우 포괄적으로 규정되었습니다.

일제에서 해방된 지 4년만인 1949년에 일반소득세를 소득세와 법인세로 분리하는 내용으로 소득세법이 개정된 이래 점차 소득세는 근로소득, 사업소득, 이자소득, 배당소득, 기타소득, 퇴직소득, 양도소득, 산림소득 등 9개 유형별로 나눠 과세했습니다.

1974년에 들어서야 모든 소득을 합산하여 과세하는 종합소득세제도를 도입하기에 이릅니다. 하지만 이자소득이나 배당소득은 여전히 합산과세대상에서 제외했기에 절름발이 종합과세 방식이었습니다. 그로부터 20년 후 1994년 금융실명제의 실시와 함께 이자, 배당소득도 다른 소득과 합산해서 과세하는 틀을 갖추게 되었습니다.

소득세는 우리나라를 비롯한 모든 나라에서 가장 중요한 세금으로 자리 잡고 있습니다.

초보 사장님 : 종합소득세 신고안내문에 수입금액이 표시되어 있습니다. 이 금액은 국세청에서 임의로 표시한 건가요?

택스 코디 : 종합소득세 신고안내문의 수입금액은 과세연도(전년도)의 매출액을 의미합니다. 사업자가 부가가치세 신고 시 작성한 전년도의 총 매출액이 수입금액으로 책정이 됩니다. 이렇게 결정된 수입금액에서 사업에 관련된 필요경비를 빼면 소득금액이 산정이 됩니다. 여기서 주의할 점은 국가에서 받은 보조금(예를 들면, 일자리안정자금 등)은 표시 되지 않으니 이것은 별도의 잡이익으로 계정하여 세금신고 시 주의해야 합니다.

▲ 국세청 종합소득세
신고 사이트

4

근로소득과 사업소득
모두 있는 사람의 세금신고는 어떻게?

 초보 사장님 : 지난해 작은 식당을 하다가 장사가 잘 안 돼서 식당을 정리하고 회사에 취직을 하였습니다. 올해 초에 회사에서 연말정산을 해서 일부 환급을 받았습니다. 작년 근로소득은 연말정산을 했으니 식당에서 발생한 사업소득만 종합소득세 신고를 하면 되나요?

 택스 코디 : 연말정산과 상관없이 근로소득과 사업소득이 동시에 있는 경우에는 소득을 합산하여 종합소득세 신고를 해야 합니다. 소득세법에 규정해 놓았듯이, 종합소득세는 모든 소득을 합산하여 누진세율을 적용하기 때문에 근로소득과 사업소득을 합산하였을 때와 근로소득과 사업소득을 합산하지 않았을 때의 적용 세율이 달라지기 때문입니다.

가령 사업소득금액이 1천만 원이고 근로소득금액에서 공제액을 뺀 금액이 6백만 원이라고 가정하고 계산해보겠습니다. 각각 과세하게 되면 6%의 세율이 적용되기에 96만 원(1천만 원 × 6%

+ 6백만 원 × 6%)이 됩니다.

그런데 합산해서 과세하면 종합소득금액은 1,600만 원이 되기에 다음과 같이 계산됩니다.

1,200만 원 × 6% + 400만 원 × 15 % = 132만 원

합산 과세하게 되면 36만 원의 세금을 더 납부해야 하는 것입니다.

따라서 질문하신 사장님의 경우에는 사업소득과 근로소득을 합산하여 신고하게 되면 연말정산 때 환급받은 금액은 다시 납부를 해야 하는 상황이 생길 수도 있습니다. 만약 사업장에서 손실이 발생한 경우라면 추가로 세금을 환급받을 수도 있습니다.

5

프리랜서는
근로자인가, 사업자인가?

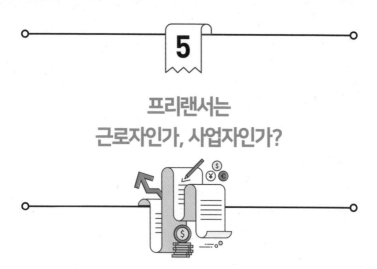

세법에서는 프리랜서를 '사업자등록 신고를 하지 않은 자유직업소득자'라고 말합니다. 저 같은 작가들이 흔히 말하는 프리랜서입니다. 프리랜서는 사업주로부터 업무지시를 받지 않고 독립적으로 일을 하고, 출퇴근 시간이나 근무 장소에도 제한을 받지 않아야 한다고 법에서는 말하고 있습니다. 저는 출판사와 약속한 날까지 원고를 마감해야 하는데 출판사에 직접 출근하지 않고 집에서 원고를 씁니다. 전형적인 프리랜서의 모습이죠.

프리랜서도 사업자등록증이 없는 개인사업자를 말합니다 그래서 프리랜서의 소득은 근로소득이 아니라 사업소득으로 구분됩니다. 때문에 프리랜서 사업소득이 있는 경우에는 매년 5월에 종합소득세를 신고 및 납부해야 합니다. 소득세는 우리나라 세금에서 20% 이상을 차지하는 가장 중요한 세금 항목입니다. 그다음으로 부가가치세와 법인세가 큰 비중을 차지합니다.

 프리랜서 : IT업종에서 종사하는 프리랜서입니다. 그런데 주변에서 3.3% 사업소득이 계속 발생하면 부가가치세를 내야 하기 때문에 사업자등록을 해야 한다는 말을 들었습니다. 일도 띄엄띄엄 들어오는데 사업자등록을 해야 하는 건가요?

 택스 코디 : 사업을 계속하고 있다는 이유만으로 무조건 사업자등록을 해야 하는 것은 아닙니다. 부가가치세 세법에 따르면, 개인이 면세 대상을 취급하고 사업자등록을 하지 않아도 되는 이유를 아래와 같이 설명합니다.

'개인이 물적 시설 없이 근로자를 고용하지 않고 독립된 자격으로 용역을 공급하고 대가를 받는 인적 용역은 면세 대상이다.'

여기서 물적 시설이 없다는 것은 사업장이 없다는 뜻입니다. 즉 사무실이 있으면 프리랜서가 될 수 없습니다. 근로자를 고용하지 않고 직원 없이 혼자 일하는 것을 말합니다. 웹툰 작가의 어시스트, 연예인의 코디네이터는 직원이 아닌 보조자로 분류됩니다. 독립된 자격이란 어느 회사에 고용되거나 속해 있지 않음을 말합니다. 무엇보다 물건이 아닌 용역을 공급해야 하는데, 공인회계사나 변호사와 같은 전문직 사업자의 용역은 해당되지 않습니다. 우리 주변에서 볼 수 있는 프리랜서에는 디자이너, 프로그래머, 모델, 학원강사, 작가 등이 있습니다.

국세와 지방세,
대체 뭐가 같으며 다른가?

우리나라의 세금에는 국세와 지방세로 나뉘며 총 25가지가 있습니다.

국세	1. 소득세 2. 법인세 3. 상속세 4. 증여세 5. 종합부동산세 6. 부가가치세 7. 개별소비세 8. 주세 9. 인지세 10. 증권거래세 11. 교육세 12. 교통에너지환경세 13. 농어촌특별세 14. 관세
지방세	15. 취득세 16. 등록면허세 17. 레저세 18. 지방소비세 19. 담배소비세 20. 주민세 21. 지방소득세 22. 재산세 23. 자동차세 24. 지역자원시설세 25. 지방교육세

세금은 크게 세 가지의 기준으로 분류가 됩니다.

첫 번째는 세금을 부과하는 주체(과세권자)에 관한 것입니다.

과세권자가 국가인 경우에는 국세, 지방자치단체인 경우에는 지방세라고 합니다. 1번에서 14번까지는 국세이고 15번부터 25번까지는 지방세입니다. 국세는 각 지역의 세무서에 세금을 납부하고 지방세는 각 지역의 관할 기관인 시청, 구청, 군청 등에 납부를 하면 됩니다.

두 번째는 특별한 목적을 위하여 사용되는 세금을 목적세, 그 외에 일반적으로 사용되는 세금을 보통세라고 합니다. 11번 교육세, 12번 교통에너지환경세, 13번 농어촌특별세, 24번 지역자원시설세, 25번 지방교육세가 목적세이고 나머지는 모두 일반세입니다.

세 번째는 세금을 부담하는 사람과 세금을 납부하는 사람이 같은 경우에는 직접세, 다른 경우에는 간접세라고 합니다. 대표적인 직접세는 1번에서 5번까지이고 대표적인 간접세는 12번, 19번, 6번에서 10번까지입니다.

7

종합소득세에서
소득공제와 세액공제는 무엇인가?

종합소득세를 신고하다 제일 많이 빠뜨리는 부분이 소득공제 항목입니다. 소득공제를 받을 수 있는 대상이 있는데도 이를 잘 알지 못하면 공제를 받지 못하게 됩니다. 소득공제를 받지 못하면 세금이 커지니 절세와는 거리가 멀어지게 됩니다. 그러므로 이를 놓치지 않고 잘 챙겨서 공제를 받는 것이 곧 절세입니다.

소득공제

기본공제(1인 당 150만 원 공제)

본인 , 배우자(소득이 없거나 환산소득이 100만 원 이하인 자), 60세 이상인 본인 또는 배우자의 직계존비속, 본인 또는 배우자의 형제자매 중 20세 이하이거나 60세 이상인 자, 국민기초생활보장법에 의하여 급여를 받는 자, 아동복지법에 따라 가정위탁을 받아 양육하는 아동으로서 해당 기간에 6개월 이상 직접 양육한 위탁아동

추가공제

- 인적공제 대상자가 70세 이상인 경우 100만 원, 장애인인 경우 200만 원,
- 부녀자공제 50만 원(사업주가 여성이며 종합소득금액 3,000만 원 이하인 경우)
- 한부모가정 공제 100만 원(2와 중복 불가)

세법상 부양가족공제 대상 구분

관계	일반 명칭	연령 제한	생계 제한	소득 제한
직계 존속	아버지(계부), 어머니(계모), 조(외)부모, 증조(외)부모	만 60세 이상인 자	생계를 같이 하는 부양 가족	연간 환산소득 금액 100만 원 이하
직계 비속	자녀, 손자, 외손자	만 20세 이하인 자		
형제 자매	동기간, 시누이, 시동생, 처남, 처제	만 20세 이하, 만 60세 이상인 자		
입양자	자녀	만 20세 이하인 자		
장애인	모든 관계	연령제한 없음		

연간 환산소득금액

연간 환산소득금액 = 총급여 − 비과세소득 − 근로소득공제

연간 소득금액 100만 원 이상인 맞벌이 부부는 서로 공제대상에 포함되지 않습니다.

초보 사장님 : 이혼한 부인이 생계를 같이 하고 있는데 , 이런 경우는 소득공제가 되나요?

택스 코디 : 질문의 경우에는 생계를 같이하고 있어도 공제대상에서 제외됩니다.

초보 사장님 : 작은 식당을 운영하고 있습니다. 장인, 장모를 부양하고 있었으나, 장인이 작년에 돌아가셨습니다. 이번 년도 5월에 종합소득세 신고 시 작년에 돌아가신 장인도 부양가족공제를 받을 수가 있나요?

택스 코디 : 부양가족의 범위에는 배우자의 직계존속도 포함이 됩니다. 과세기간 중에 사망했으면, 이번 신고 시 공제가 가능합니다.

소득공제 받는 추가 항목

※ **국민연금보험료공제** :
과세기간동안 납부한 국민연금보험료에 대해 본인부담금 전액 공제
※ **노란우산공제** :
소기업소상공인 공제 대상

세액공제란 과세표준에서 세율을 곱한 후 계산된 산출세액에서 한 번 더 빼주는 것입니다. 세액공제도 소득공제와 같이 잘 챙기면 그것이 곧 절세입니다.

※ **자녀세액공제**

기본공제대상에서 해당하는 자녀가 있는 경우 :

1명 :15만 원, 2명 : 30만 원, 3명 이상일 경우 2명을 초과한 1인당 30만 원씩 추가

기본공제대상에서 6세 이하 자녀가 있는 경우 :

6세 이하 자녀 1명 : 0원, 2명 이상 : (6세 이하 자녀 인원 − 1) × 15만 원

※ **출산입양 세액공제 :**

해당 과세기간에 출생, 입양 신고한 경우 (1인 당 30만 원)

연금저축 세액공제
------------------o

사업자 본인 명의로 2000년 1월 1일 이후에 연금저축에 가입한 경우 :

연간납입액 (400만 원 한도) × 12%

부가가치세란 무엇인가?

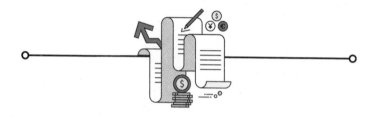

근로소득자는 매월 급여에서 정해진 세금이 빠져나갑니다. 그런데 어떤 세금이 어떤 이유에서 빠져나가는 것인가를 아는 사람들은 많지 않아요. 심지어 별로 관심이 없습니다. 세금은 어려우니 알려고 하지도 않죠. 근로소득자의 급여에서 미리 세금을 떼는 것을 '원천징수'라고 합니다. 회사는 직원들의 급여에서 원천징수한 금액을 모아서 국세청에 대신 납부를 합니다.

자신이 직접 세금을 납부하지 않고 타인이 납부를 하는 세금을 간접세라고 합니다. 커피숍에 지불한 커피값에 포함된 부가가치세도 손님이 직접 세금을 납부하는 것이 아니고 커피숍 사장이 손님들의 부가가치세를 모아서 납부를 하기에 부가가치세도 간접세입니다.

그렇다면 내야 할 세금을 자신이 직접 납부하는 것을 직접세라고 하는 것은 쉽게 이해가 갈 것입니다. 사업을 하게 되면 소득에 대한 세금, 즉 종합소득세를 신고 및 납부하는데 종합소득세는 자신이 직접 신고하고 납부하기에 직접세가 됩니다.

정리하면 부가가치세는 간접세, 종합소득세는 직접세인 것입니다.

간접세는 국가의 입장에서는 세금징수의 효율성과 신고누락을 사전에 방지하여 국가 세수를 조기에 확보하는 장점이 있습니다. 그리고 간접세만의 묘한 장점(?)이 있습니다. 아래를 한번 읽어볼까요.

많은 사람이 물건값에 세금이 포함되어 있지만, 세금 따로 물건값 따로 생각하지 않고 전체를 물건값으로 생각합니다. 국가입장에서는 얼마나 다행스러운 사고방식인가요? 간접세는 자신이 직접 세금을 납부하지 않기에 국가의 입장에서는 큰 조세저항 없이 손쉽게 세수를 확보할 수가 있는 것입니다.

이런 간접세는 세금에 대해 무관심하게 만드는 주범인 것이죠. 매월 받는 급여에서도 무심코 사 먹는 커피에서도 자신도 모르는 사이에 세금은 빠져나가는 것입니다.

초보 사장님 : 우리나라에는 부가가치세가 언제 도입되었나요?

택스 코디 : 우리나라는 IMF로부터 자문을 받아 1977년 아시아에선 최초로 부가세를 도입하여 40년 넘게 운영하고 있습니다.

이전에는 물품세 등 각종 간접세 종류가 많고 복잡하여 부정부패의 여지가 많았으며, 최종 공급자에게 과도한 부담이 집중되어 탈세 등 부작용이 많았습니다. 이에 세재개혁과 함께 경제발전에 필요한 재원을 원활하게 조달하고 경제적 자립을 확립하기 위해 부가가치세를 도입하였습니다.

최초 도입할 당시 부가가치세는 국민들에게 완전히 생소한 세금이어서 조세저항이 매우 심했습니다. 부가가치세는 물품세와 달리 모든 거래단계에서 증빙이 필요하며, 이에 기초한 매출세액에서 매입세액을 차감한 부분을 국가에 납부하게 되어 있기 때문입니다.

따라서 사업자들은 거래 단계마다 세금계산서를 주고받아야 했기 때문에 번거로움이 컸습니다. 1977년 우리나라의 사회환경은 지금과는 비교할 수 없을 정도로 열악하였고, 대부분의 상거래는 현금으로 이루어졌으며 신용카드는 물론 컴퓨터도 없던 시절이었습니다. 그리고 소규모 영세자영업자가 대부분이었습니다. 도입 당시 소액의 세금에 대해서는 소액부징수제도라 하여 세금을 납부하지 않게 하였습니다. 이것이 지금의 간이과세 제도의 모태입니다.

9

매출, 매출액,
매출세액은 어떻게 다른가?

　식당을 운영하는 최 사장님은 손님에게 음식값 33,000원을 받았습니다. 그런데 33,000원 전부 사장님의 돈일까요? 아닙니다. 손님이 지불한 식대를 '매출 = 매출액 + 매출세액' 공식으로 풀어보겠습니다.

> 33,000원 (매출) = 30,000원 (매출액) + 3,000원 (매출세액)

　매출세액 3,000원은 손님의 부가가치세를 잠깐 맡아 놓은 것입니다. 그러므로 매출세액 3,000원은 최 사장님의 돈이 아니고, 부가가치세 신고기간에 납부해야 할 부가가치세입니다. 손님의 부가가치세를 사장님이 받았다가 대신 납부하는 것입니다. 이러기에 부가가치세는 간접세라고 부릅니다.

간접세란 납세자와 납세의무자가 다른 세금을 일컫습니다. 부가가치세는 손님이 납세자이고 납세의무자는 사장님이 되는 것이기에, 손님으로부터 받은 부가가치세를 잠시 맡아두었다가 신고기간에 국가에 납부를 하는 것입니다. 최 사장님이 물건을 구입할 때도 마찬가지로 부가가치세가 포함된 가격에 구입을 하게 됩니다.

33,000원에 파는 음식값의 재료비가 11,000원 들어갔다고 가정해 봅시다.

재료비 11,000원을 '매입 = 매입액 + 매입세액(11,000원 = 10,000원 + 1,000원)'으로 풀어보면 사장님 역시 재료를 구입할 때 1,000원의 부가가치세를 더하여 지불한 것을 알 수 있습니다.

'부가가치세 = 매출세액 - 매입세액'이란 공식으로 계산이 됩니다.

그렇다면 위의 경우에 부가가치세는 얼마일까요?

부가가치세를 포함한 33,000원에 음식을 팔았고, 재료를 구입할 때에도 부가가치세가 포함된 11,000원을 지불하였습니다.

3,000원 (매출세액) - 1,000원 (매입세액) = 2,000원 (부가가치세)

최 사장님은 손님에게서 받은 부가가치세 3,000원(매출세액)

을 납부하는 것이 아니고, 재료비에 대한 부가가치세(매입세액)를 빼고 납부하는 것입니다. 그래서 위의 경우에 부가가치세는 2,000원이 되는 것입니다.

10

부가가치세 환급은 어떤 때에 받나?

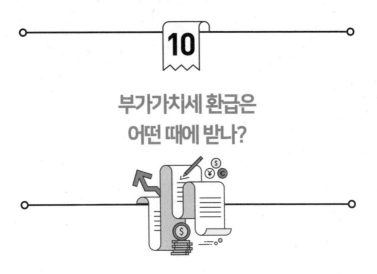

앞장에서 보았듯이 부가가치세는 '매출세액 – 매입세액'이라는 공식으로 계산이 됩니다. 공식을 보면 알 수 있듯이 부가가치세 환급은 매출세액보다 매입세액이 클 때 발생합니다. 쉽게 말해 번 돈보다 벌기 위해 쓴 돈이 더 많은 경우에 발생하는 것입니다. 창업을 시작할 때 주로 이런 상황이 발생합니다.

조기환급제도는 사업주 입장에서 자금을 조기에 확보하여 유동성을 해결하는 데 매우 큰 도움이 됩니다. 그런데 이 제도를 모르고 신청하지 않으면 혜택을 누릴 수가 없습니다.

사업을 시작하면 일정 기간 매출은 발생하지 않고 초기 비용만 증가하는 '데스밸리(death valley)' 기간을 겪게 되는데, 영세자영업자의 경우 자금 부족으로 압박을 받게 됩니다. 부가가치세 신고 시 매입세액이 매출세액보다 클 경우 환급이 발생합니다. 일반

적인 환급은 신고 후 30일 이
내에 이루어지는데 조기환급
은 확정신고기간까지 기다릴
필요 없이 신고 후 15일 이내
에 환급을 받을 수 있습니다.

일반과세사업자이며 식당

▲ 국세청 홈택스 부가가치세 환급 사이트

을 운영하는 최 사장님, 1월에 식당 인테리어를 하고 2월에는 각
종 설비 구입으로 목돈이 들어갔습니다. 이런 경우에는 부가가치
세 확정신고기간인 7월까지 기다리지 말고 1월과 2월의 매출, 매
입에 대한 부가가치세 신고를 3월 25일까지 조기환급신고를 하
면 됩니다. 국세청에서는 신고 후 15일 이내에 부가가치세 환급
을 해줍니다. 그리고 나서 3월부터 6월까지의 매출, 매입에 관한
부가가치세 확정신고를 7월 25일까지 하면 됩니다.

조기환급신고는 단순히 매입이 매출보다 크다고 할 수 있는 것
은 아닙니다. 부가가치세 영세율을 적용하여 수출을 했거나, 사업
을 위해서 건물 취득 증축 및 인테리어나 기계장치 구입 등 시설
투자를 했을 경우에만 조기환급신고가 가능합니다.

계산서 vs 세금계산서

　법적지출증빙(적격증빙)에는 판매자와 구매자가 모두 표시되는 특징이 있습니다. 이에 해당하는 것이 세금계산서와 계산서, 신용카드영수증, 현금영수증 등입니다. 판매자가 표시되고 구매자는 나타나지 않는 간이영수증 등은 비적격증빙이라고 합니다.

세금계산서
　부가가치세가 붙는 물건을 거래 시 주고받는 증명

계산서
　면세품, 즉 부가기치세가 붙지 않는 물건을 거래 시 주고받는 증명

현실적으로 모든 거래에서 세금계산서를 받기는 쉽지 않으므로 일정한 증명에 대하여 세금계산서나 계산서와 같은 효력을 부여하고 있습니다. 신용·체크카드로 구매한 경우의 영수증 또는 현금영수증이 이에 해당합니다. 면세품이 아닌 과세품을 사면서 카드영수증이나 현금영수증을 받으면 세금계산서를 받지 않아도 매입세액으로 공제가 가능합니다.

 초보 사장님 : 전자세금계산서 의무발행은 언제부터인가요?

 택스 코디 : 개인사업자는 작년도 과세 매출이 3억 원 이상일 경우 의무발행을 해야 합니다.

전자세금계산서 제도는 2010년 도입하여 2011년부터 법인사업자들에게 발급의 의무가 생겼습니다. 그리고 2012년부터 전년도 매출액 10억 원 이상 개인사업자에게 확대되었으며 2014년부터 3억 원 이상으로 확대되었습니다.

과세사업과 면세사업을 함께하는 겸업사업자일 경우에는 과세 공급가액이 3억 원 미만이라도 과세 공급가액과 면세분 수입금액의 합계액이 10억 원 이상이라면 의무적으로 발행을 하여야 합니다. 2019년 7월부터는 과세 공급가액과 면세 공급가액의 합계액이 3억 원 이상이면 전자세금계산서 발급의무자가 됩니다.

초보 사장님 : 매출이 적어서 의무대상은 아닌데 전자세금계산서 발급이 가능한가요?

 택스 코디 : 발행의무가 없는 사업자도 전자세금계산서 발행 자체는 가능합니다.

전자세금계산서 발행의무가 있는 사업자가 이를 이행하지 않을 경우에는 '발급하지 않은 공급가액의 2/100를 전자세금계산서 미발급 가산세'로 부담해야 합니다. 만약 종이세금계산서를 발급하였다면 공급가액의 1/100의 가산세를 부담해야 합니다.

 초보 사장님 : 전자세금계산서 발행 방법이 어떻게 되나요?

 택스 코디 : 전자세금계산서를 발행하려면 전자세금계산서 발행용 공인인증서를 준비하여 국세청 홈택스를 통해서 가능합니다. (조회/발급 메뉴 → 전자세금계산서 메뉴)
인터넷 사용이 어려운 경우에는 전화 ARS 126번으로 가능하며 세무서를 방문하여 대리발급 신청도 가능합니다.

이 외에도 전자세금계산서 발급대행 사업자(ASP)의 시스템을 이용할 수도 있습니다. 전자세금계산서 발급대행 사업자의 경우, 발급 시 비용이 발생하지만 고객센터가 원활하며, 국세청 홈택스에는 없는 기능인 '역발행'도 있습니다.

전자세금계산서는 매출자(공급자)가 작성하고 발급(전자서명)하면, 매입자(공급받는자)가 이메일 등으로 수신을 합니다. 이와

▲ 국세청 전자계산서 홈페이지

같은 방식을 흔히 '정발행'이라고 합니다.

전자세금계산서를 매입자(공급받는자)가 작성하고, 매출자(공급자)가 발급(전자서명)을 하는 방식을 '역발행'이라고 하는데, 국세청 홈택스에서는 지원하지 않습니다.

보통 역발행은, 매출자(공급자)가 영세할 경우, 프랜차이즈 업종이나 대리점이 많은 업체에서 판매 수수료를 정산하기 위해 많이 이용합니다. 역발행을 지원하는 전자세금계산서 발급 대행 사이트 중 대표적인 예로 전자세금계산서 전문 브랜드 바로빌(www.barobill.co.kr) 등이 있습니다. 그 외에도 스마일EDI, Bill365 등 다양한 전자계산서 발행 사이트가 있습니다.

▲ 스마일EDI 전자계산서 홈페이지

▲ Bill365 전자계산서 홈페이지

과세 혹은 면세 상품은 따로 있나?

초보 사장님 : 가게 인테리어 때문에, 식물 몇 개를 샀는데, 현금으로 결제하고 사업자지출증빙으로 현금영수증을 발급받았습니다. 그런데 부가세가 포함되어 있지 않았습니다. 이 영수증을 세무서에 제출해도 세금계산서처럼 처리가 될까요? 아니면 업체에 전화해서 세금계산서 요청을 다시 해야 될까요?

택스 코디 : 개인사업자는 과세사업자와 면세사업자의 두 가지 유형으로 구분됩니다.

　면세사업자는 면세품을 취급하기에 부가가치세와 상관이 없습니다. 그러한 이유로 현금영수증상에 부가가치세가 표시되지 않는 것입니다. 부가가치세 매입세액공제는 과세 상품에 한해서 가능합니다.

부가가치세법에서 사업자 구분은 과세사업자와 면세사업자로 나뉩니다. 과세사업자와 면세사업자는 과세되는 품목의 취급 여부에 따라 구분이 됩니다. 과세사업과 면세사업을 동시에 운영하는 사업자를 겸업사업자라고 합니다.

과세사업자는 다시 일반과세사업자와 간이과세사업자로 구분되며, 연 매출액 4,800만 원(2021년부터 8천만 원으로 상향 조정)이 구분의 과세표준이 됩니다.

간이과세사업자는 부가가치세 계산구조에서 세금이 일반과세사업자에 비해 현저히 적으므로 영세한 업체를 위한 제도라고 할 수 있습니다. 간이과세자는 세금계산서를 발행하지 못하고 또 받지 않더라도 불이익은 없으므로 거래의 투명성과는 거리가 멉니다.

학원과 같은 면세사업자의 가장 중요한 세금은 '종합소득세'입니다. 물론 사업장현황신고도 해야 하고, 인건비 신고도 해야 하고, 연말정산도 해야 하고, 4대보험도 신고해야 하지만 가장 중요한 세금은 종합소득세라고 해도 과언이 아닙니다.

 학원장 : 저는 세무사에게 맡겨서 괜찮아요.

많은 학원장들이 이렇게 말을 하는데 세무대리인을 고용하더라도 세금에 대한 기초를 꼭 알아야 합니다. 말 그대로 세무대리인들은 대리인의 역할을 하고 사업주가 세금신고의 주체이기 때문입니다. 그럼 면세사업자가 알아야 하는 세금신고에는 어떤 것이 있는가를 간단히 살펴 보겠습니다.

사업장현황신고는 2월 10일까지 해야 합니다. 학원과 같은 면세사업자가 매년 2월 10일까지 전년도 사업실적 및 사업현황에 대한 신고를 해야 하는데 이를 사업장현황신고라고 합니다. 사업장현황신고는 매출신고가 가장 중요하며 추후 종합소득세 수입금액 산정의 기준이 됩니다.

인건비 신고는 매월 10일까지 신고 및 납부해야 합니다. 직원의 급여를 지급하기 전에 세금을 미리 떼는 것을 원천징수라고 합니다. 인건비 신고는 원천징수 내역을 세무서에 신고 및 납부해야 하는데 이를 '원천징수이행상황신고'라고 합니다. 줄여서 원천세 신고라고도 합니다. 인건비를 종합소득세 신고 시 필요경비로 처리하기 위해선 원천세 신고가 반드시 선행되야 합니다.

종합소득세 신고는 5월 31일까지 해야 합니다. 면세사업자 세금신고 중 가장 중요한 세금신고이고 종합소득세 신고를 함으로써 지난 1년 동안 세금업무가 마감됩니다. 단, 연매출이 일정 금액을 초과할 경우(학원은 5억 원이 넘는 경우) 성실신고대상자로 분류되면 6월 30일까지 신고를 해야 합니다.

세금신고기한 연장도 가능하다?

　천재지변 등의 사유로 인해 세법해서 정한 각종 신고나 신청, 납부 등을 정해진 기한까지 할 수 없다고 인정되거나 납세자의 신청이 있는 경우에는 기한을 연장할 수 있도록 하고 있습니다. 그리고 납부 세액이 커서 한꺼번에 납부할 수 없으면 세금을 나누어 낼 수 있는 경우도 있고, 상속세나 증여세처럼 납부해야 하는 세액이 지나치게 큰 세금은 몇 년에 걸쳐서 세금을 나누어 낼 수도 있습니다.

　연장 사유 중에는 납세자가 그 사업에 심한 손해를 입거나 그 사업이 중대한 위기에 처한 때가 있는데, 이런 경우에는 신고기한은 연장이 안 되고 납부기한만 연장할 수 있습니다. 사업에 심한 손해를 입은 경우란 물리적 또는 법률적 요인으로 인해 발생한 사업의 경영이 곤란할 정도의 현저한 손해를 말하며, 사업이 중대한 위기에 처한 때란 판매의 격감, 재고의 누적, 거액 매출채권의 회수 곤란, 거액의 대손 발생, 노동 쟁의 등으로 인한 조업 중단 또는 일반적인 자금 경색으로 인한 부도 발생이나 기업 도산의 우려가 있는 경우 등을 말합니다.

 세알못 : 기한 연장은 어떻게 하나요?

 택스 코디 : 세금신고나 납부기한 연장 사유에 해당되어 기한 연장을 받고 싶으면, 신고기한의 만료일 3일 전까지 연장을 받고자 하는 기한과 사유 등을 기재한 문서로서 관할 세무서장에게 신청해야 합니다. 기한 만료일 3일 전까지 신청할 수 없다고 인정되는 경우에는 그 기한의 만료일까지 신청할 수 있습니다.

연장 승인이 나면 원칙적으로 3개월 이내로 기한이 연장될 수 있지만, 관할 세무서장의 재량으로 최대 9개월까지도 기한 연장이 가능합니다. 관할 세무서장이 납세자에게 납세 담보 제공을 요구할 수도 있습니다.

팁을 하나 드리자면, 간혹 납부고지서가 늦게 송달될 때가 있습니다. 심지어 납부기한이 지난 후에 도착할 때도 있습니다. 이런 경우에는 우편물이 도달한 날로부터 14일이 되는 날을 납부기한으로 합니다. 고지서가 늦게 송달되면 바로 관할 세무서에 문의해서 납부기한을 연장받을 수 있습니다.

부가가치세는 신고기간이 자주 있는 편이기 때문에 납부 세액이 크더라도 나누어 낼 수 있는 규정이 없지만, 종합소득세나 양도소득세, 상속세나 증여세 등은 납부 세액이 일정 금액을 넘으면 나누어 납부할 수 있습니다. 분할납부는 납부 세액이 1천만 원을 초과하면 납부해야 할 세액의 일부를 2개월(법인세의 경우에는 세법상 중소기업에 해당하지 않는 경우에는 1개월) 이내에 나누어서 내야 합니다.

상속세나 증여세는 납부 세액이 큰 경우가 많고, 또 세금을 납부할 재원이 마땅치 않은 경우가 많습니다. 세법에서는 상속세나 증여세에 대해 2개월 이내에 분할하여 납부할 수 있는 제도 외에도 세금을 몇 년에 걸쳐 나누어 납부할 수 있는 연부연납(납부세액이 2천만 원을 초과하는 경우 납세의무자가 납세 담보를 제공하고 신청하여 관할 세무서장이 허가할 경우에 가능) 제도를 두고 있습니다.

연부연납의 허가를 받으면 최고 5년간(기업상속의 경우에는 10년간, 단 기업상속재산이 50% 이상인 경우에는 20년) 세금을 나누어 낼 수 있습니다. 연부연납하는 금액에 대해서는 연 2.1%의 가산금을 이자처럼 추가로 내야 합니다.

부동산이나 유가증권 등을 상속받은 경우에는 그에 대한 세금을 현금이 아닌 상속받은 부동산이나 유가증권으로 납부할 수 있는 물납 제도를 활용해도 됩니다. 물납이 항상 허용되는 것은 아니라 상속받은 재산 중 부동산과 유가증권(원칙적으로 주식은 제외하되, 비상장주식 외에는 상속 재산이 없거나 다른 상속 재산으로 상속세 물납에 충당하더라도 부족한 경우에는 비상장주식은 가능)의 가액이 해당 재산가액의 50%를 초과하고 상속세 납부세액이 2천만 원을 초과하면서 납부세액이 상속재산가액 중 금융재산가액을 초과하는 경우에 납세의무자가 관할 세무서장에게 신청하면, 허가 여부에 따라 해당 부동산과 유가증권에 대해서 물납을 할 수 있습니다.

14

기타소득과 사업소득의
차이는 뭔가?

　A씨가 학원원장의 지시에 따라서 일정한 시간에 출·퇴근하며 지시된 강의를 하고 수입을 얻는다면, 이는 근로소득입니다. 근로소득만 있는 경우에는 연말정산을 통해서 종합소득세 신고와 납부의 의무는 종결됩니다.

　A씨가 학원과 협의해서 강의를 어떻게 할지, 수강료는 어떻게 나눌지를 결정하고 출·퇴근 시간에 제약을 받지 않고 강의료를 받는 경우라면 사업소득입니다. 5월 종합소득세 신고 및 납부를 해야 합니다.

　A씨가 주업이 따로 있고 학원의 요청으로 비정기적으로 강의를 하고 강의료를 받는다면 기타소득입니다. 기타소득은 다른 소득으로 구분됩니다.

기타소득금액이 3백만 원 이하인 경우에는 납세자는 분리과세와 종합과세를 선택할 수가 있습니다. 그러나 3백만 원을 초과하는 경우에는 종합소득세 신고를 별도로 해야 합니다. 2019년부터는 기타소득에 대한 필요경비 산정률이 60%로 조정되었습니다.

가령 2019년 기타소득으로 총 수입금액이 750만 원이 발생하였으면, 필요경비는 750만 원 × 60% = 450만 원이 계산됩니다.

소득금액 = 수입금액 − 필요경비 : 750만 원 − 450만 원 = 300만 원

정리하면 2019년 이후부터는 기타소득에 의한 총 수입금액이 750만 원을 초과하면 종합소득세 신고를 별도로 해야 합니다. 편의상 수입금액의 8.8%를 원천징수세율로 적용하면 됩니다.

소득세란 개인에게 소득이 생기면 내는 세금이라 하여 개인소득세라고도 합니다. 개인이 지난해 1년 동안의 경제활동으로 얻은 소득에 대해 납부하는 세금입니다. 모든 과세대상 소득을 합산해 계산하고, 다음 해 5월 1일부터 5월 31일까지 주소지 관할 세무서에 신고 및 납부해야 합니다.

종합소득이 있는 사람도 다음 해 5월 1일부터 5월 31일까지 종합소득세를 신고 및 납부해야 합니다. 종합소득이란 이자, 배당, 사업, 근로, 연금, 기타소득을 말합니다.

아래의 경우에 해당하면 종합소득세를 확정신고하지 않아도

됩니다.

- 근로소득만 있는 사람으로 연말정산을 한 경우
- 직전 과세기간의 수입금액이 7,500만 원 미만이고, 다른 소득이 없는 보험모집인 및 방문판매원의 사업소득으로 소속된 회사에서 연말정산을 한 경우
- 비과세 또는 분리과세 되는 소득만이 있는 경우
- 300만 원 이하의 기타 소득이 있는 사람으로 분리과세를 원하는 경우 등의 **개인사업자, 법인사업자**

개인사업자에 비해 법인을 설립하는 것이 다소 까다롭고, 이를 유지하는 데 필요한 관리비 등이 증가하는 것은 법인의 단점입니다. 법인의 장점은 비용처리가 개인사업자보다 훨씬 폭넓게 인정된다는 것입니다. 대표적인 것으로 대표이사의 급여도 비용으로 인정이 가능합니다. 그리고 개인사업자에 비해 법인세율도 낮다는 것도 장점입니다.

사업소득금액이 1억 5천만 원이라고 가정(계산의 편의상 소득공제는 없다고 가정)하여 개인사업자의 소득세와 법인의 법인세를 비교해볼까요.

개인사업자 종합소득세

소득금액(1억 5천만 원) × 35%(세율) − 1,490만 원(누진공제)
= 3,760만 원(산출세액의 10%는 지방소득세로 추가 부과)

소득금액(1억 5천만 원) × 10%(세율)
= 1,500만 원(산출세액의 10%는 지방소득세로 추가 부과)

비교해봐서 알 수 있듯이 개인보다 법인이 세금이 훨씬 적게 나옵니다. 그런데 법인은 법인세와 배당소득세도 부과됩니다. 그럼 배당소득세도 추가해볼까요.

소득금액 1억 5천만 원에서 법인세 1,500만 원을 제외한 1억 3천 5백만 원이 법인에 남아 있고, 이를 모두 배당받는다고 가정하면 14%의 세율로 원천징수됩니다. 그러면 법인세 1,500만 원, 배당소득세 1,890만 원을 더하면 3,390만 원이 됩니다. 그러면 개인과 법인의 세금 차이가 크지 않습니다. 단 이익을 배당받지 않으면 법인세만 부담하면 되므로 개인보다는 확실히 유리합니다.

세알못 : 법인은 대표이사의 급여도 비용처리가 된다고 했습니다. 만약 이익 1억 5천만 원 모두를 대표이사의 급여로 처리하면 어떻게 되나요?

택스 코디 : 이익 모두를 대표이사의 급여로 처리하면 법인의 당기순이익은 0원이 됩니다. 그러면 법인세도 없고 이익이 없으니 배당도 받지 못하는 것이 되므로 배당소득세도 없게 됩니다. 그러나 대표이사의 급여에 대해서는 근로소득세와 4대보험료가 부과되므로 실무에서는 보수를 적정하게 정해 세금을 조정하는 것이 좋습니다.

15

비과세 급여란?

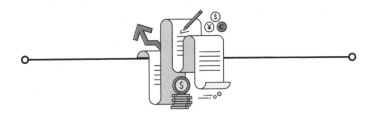

4대보험은 선택이 아니라 의무사항이기에 내지 않을 방법은 없습니다. 그러나 비과세 급여를 이용하여 줄일 수는 있습니다. 더불어 10인 이하의 개인사업자라면 일정 요건을 충족할 경우 두루누리 지원사업을 활용하는 것도 좋은 방법입니다.

 초보 사장님 : 비과세 급여 항목은 어떤 게 있나요?

 택스 코디 : 근로소득이란 근로계약에 의해 근로를 제공하고 지급받는 대가로 급여, 세비, 상여금 등을 말합니다.
비과세되는 근로소득은 아래와 같습니다.

비과세 근로소득

항목	내용
실비변상적인 급여	일 숙박료, 여비 등
자가용 운전보조금	월 20만 원 이내의 금액
국외 근로소득	국외에서 근로를 제공하고 받는 금액(월 100만 원 이내의 금액) 원양어업 선박, 외국항행선박의 종업원이 받는 급여, 국외 건설현장에서 받는 금액(월 150만 원 이내의 금액)
식대	월 10만 원 이하의 식대
생산직 근로자의 연장시간 근로수당 등	월정액 급여가 210만 원 이하이고, 총 급여가 연 2,500만 원 이하인 경우, 연간 240만 원 이하의 수당이 비과세
기타	장해급여, 유족급여, 실업급여 등, 근로자 본인의 학자금, 출산, 6세 이하 자녀 보육 수당(월 10만 원 이내의 금액)

예를 들어, 300만 원의 급여를 받는 근로자의 경우 본인 소유의 차량을 업무에 사용하면 20만 원이 비과세 적용되고, 점심식사를 회사에서 지원하지 않는다면 추가로 10만 원이 비과세 되고, 5세 미만의 자녀가 한 명 있다면 추가로 10만 원이 비과세 적용됩니다. 따라서 40만 원의 비과세를 제외한 260만 원을 기준으로 원천징수하여 세금을 계산합니다.

직원이 없는 1인 사업자는 건강보험과 국민연금보험이 지역보험으로 나오게 되고 고용보험은 선택사항입니다. 그런데 직원을 채용하게 되면 국민연금과 건강보험을 직장가입으로 할 수가 있어 4대보험을 줄일 수가 있습니다.

국민연금의 경우 최초 가입 시 직원에게 수습기간을 두고 월급을 낮게 책정하면 수습기간이 끝나고 본래 월급을 주어도 국민연금은 정산하는 개념이 아니기에 그해 국민연금보험료를 줄일 수 있습니다. 만약 직장을 다니면서 사업을 하는 경우에는 국민연금, 건강보험이 지역에 비해 직장이 우선하므로 직장건강보험료를 내면 됩니다.

16

원천징수, 원천징수 의무자, 원천징수이행상황신고서란?

　원천징수란 소득을 지급할 때, 지급하는 사람에게 일정 금액을 미리 떼어내어 세금으로 납부하는 것을 말합니다. 직원이 급여를 받을 때도, 프리랜서로 일하고 대가를 받을 때도, 심지어 하루 일당이 15만 원이 넘는 일용직이라면 해당 소득에 대해 원천징수할 세금이 발생합니다.

　원천징수는 사업자 등이 소득을 지급할 때 소득자를 대신하여 미리 일정 금액을 국가에 납부하는 것입니다. 사업자는 원천징수 대상 소득을 세무서에 신고해야 비용으로 인정받을 수 있습니다.

　더불어 원천징수한 세액을 종합하여 지급명세서를 제출하는데, 근로소득과 사업소득의 경우 상반기 지급내역을 7월 10일까지 간이지급명세서를 제출해야 합니다. 일용직 지급명세서는 매 분기마다 제출을 해야 합니다. 이자소득, 배당소득, 연금소득, 기타소득에 대해서는 다음해 2월 말일까지 지급명세서를 제출하여야 합니다. 그 밖의 소득인 경우에는 다음해 3월 10일까지 제출하여야 합니다.

원천징수 이행상황신고서와 지급명세서의 내용은 일치해야 합니다.

원천징수 의무자는 원천징수 대상이 되는 소득이나 수입금액을 지급할 때 이를 지급하는 자를 말합니다. 원천징수 대상소득에는 근로소득(급여, 상여금 등), 이자/ 배당소득, 퇴직소득, 연금소득, 기타소득(상금, 강연료 등의 일시적 성질의 소득), 사업소득(프리랜서 인적용역 소득), 공급가액의 20%를 초과하는 봉사료 등이 있습니다.

그리고 원천징수세액의 10%를 지방소득세 소득분으로 함께 원천징수하여 납부해야 합니다.

원천징수 대상 소득에 대한 신고 및 납부 정리

구분	소득 종류	신고 · 납부
근로소득	급여, 상여금	간이세액표에 의한 매월 급여에서 원천징수 다음 달 10 일까지 원천징수이행상황 신고, 납부 다음 연도 2월 급여 지급 시 연말정산 지급명세서 제출

구분	소득 종류	신고·납부
일용근로 소득	일용근로자	다음 달 10일까지 일용근로소득 원천세 신고, 납부 지급일이 속하는 분기 마지막 달의 다음 달 말일 (4분기에 지급한 소득은 다음 과세기간의 2월 말일) 까지 일용근로소득 지급명세서 제출
퇴직소득	퇴직금, 퇴직위로금	퇴직소득 과세표준에 원천징수세율을 적용하여 계산한 소득세를 원천징수하고 다음 달 10일까지 신고, 납부 다음 연도 3/10일까지 퇴직소득 지급명세서 제출
기타소득	상금, 당첨금, 원고료 인세, 강연료, 사례금 위약금과 배상금 서화, 골동품 양도소득	기타소득금액에 원천징수세율을 적용하여 계산한 소득세를 원천징수하고 다음 달 10일까지 신고, 납부 다음 연도 2월 말일까지 기타소득 지급명세서 제출
사업소득	프리랜서 인적용역	지급금액에 원천징수세율을 적용하여 계산하여 소득세를 원천징수하고 다음 달 10일까지 신고, 납부 다음 연도 3/10 까지 사업소득 지급명세서 제출
이자, 배당소득	은행예금이자 배당금 비영업대금이익	지급금액에 원천징수세율을 적용하여 계산한 소득세를 원천징수하고 다음 달 10일까지 신고, 납부 다음 연도 2월 말일까지 지급명세서 제출

상용근로자를 고용하고 근로소득을 원천징수하고 나서 지급명세서를 제출해야 합니다. 종전에는 1월 ~ 12월의 근로소득 지급명세서를 연 1회 제출하였는데, 2019년부터는 근로장려금 반기 지급제도가 시행되기에 연 2회 제출을 해야 합니다. 1월 ~ 6월 근로소득 지급명세서는 7월 10일까지 제출을 해야 하고, 7월 ~ 12월 근로소득 지급명세서는 1월 10일까지 제출을 해야 합니다. 제출 기간을 넘기면 1%의 가산세가 부과됩니다. 제출기한이 지난 후 3개

▲ 지급명세서 샘플

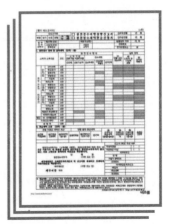

▲ 원천징수이행상황신고서

월 이내에 제출하면 0.5%의 가산세가 부과됩니다. 지급명세서에 기록 사항은 인적사항, 근무기간, 지급금액 등을 기재하면 됩니다.

Chapter 2

직장인이라면
반드시 알아야 할 세금상식

장직장인이 차량 구매 시,
장기 렌트와 할부 구매 뭐가 더 유리한가?

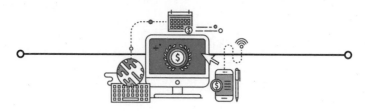

최근 홈쇼핑 방송을 보고 있으면 자동차 장기 렌트 관련 방송이 많이 나옵니다. 호스트들은 사업자라면 경비 처리가 가능하니 장기 렌트를 이용하라곤 합니다. 그런데 호스트 멘트는 마치 할부는 경비 처리가 불가능하고, 장기 렌트만 경비 처리가 가능하다는 뉘앙스로 들립니다.

'사업자는 할부 구매보다 리스나 렌트가 유리하다?'

결론부터 얘기하자면 아닙니다. 구매 방식이 상관없이 사업용으로 사용되는 차량은 경비 처리가 가능합니다.

할부, 리스, 렌트 각자 다른 장단점이 존재합니다. '어떤 방식으로 차를 구입해야 할까?'를 고민할 때 '사업자니까 리스나 렌트를 해야겠지.' 이런 식의 생각은 하지 않았으면 좋겠습니다.

하나 팁을 드리자면 차를 구입할 때 경비 처리의 관점으로 고민할 것이 아니라 소유의 관점에서 판단해야 한다는 것입니다. 할부는 본인 소유, 리스나 렌트는 본인 소유가 아닙니다. 그래서 사업자가 할부로 차를 구입하면, 건강보험료가 인상됩니다 그러나 리스 또는 렌트로 차를 구입하면 인상되지 않습니다. 직장인은 건강보험료 직장가입자에 해당되니 할부로 구매를 해도 건강보험료 변동은 없습니다. 단, 할부 수수료가 가장 저렴하니 렌트보다 할부가 비용 측면에서는 유리해 보입니다.

예비 창업자 : 현재 타고 다니는 승용차를 개인 리스로 구입하여 사용하고 있습니다. 개인사업자를 낼 생각인데 현재 타고 다니는 승용차도 비용처리가 가능한가요?

택스 코디 : 사업자등록을 발급 받은 후 리스 회사에 사업자등록번로로 세금계산서를 발급해 달라고 하면 됩니다. 차를 업무용으로 사용한다면 업무용 승용차로 비용 처리(종합소득세 신고 시)가 가능합니다.

2016년 개정된 세법으로 자동차의 감가상각을 의무화하여 800만 원을 초과하는 감가상각은 이월하여 비용처리를 할 수 있습니다. 승용차 가격이 4,000만 원이라면 5년 동안 800만 원씩 비용으로 처리가 가능합니다. 만일 차량 가격이 8,000만 원이라면 10년 동안 800만 원 씩 비용처리가 됩니다.

운행일지를 작성하지 않는 경우라면 유류비, 수리비 등에 대해서는 연간 200만 원 한도로 비용처리가 가능(감가상각 800만 원을 적용한 경우)합니다. 운행일지를 작성하는 경우에는 200만 원 이상의 금액도 처리가 가능합니다. 운행일지에는 거래처 방문 등의 사유, 주행거리, 일자 등을 작성해 두어야 합니다.

예비 창업자 : 회사 출퇴근용으로 사용해도 비용처리가 가능한가요?

택스 코디 : 출퇴근 용도도 사업용 차량을 사용한 것으로 인정을 받습니다.

자동차 세금은 1월에 납부하면 이득이다?

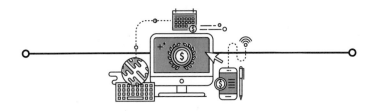

　2019년 12월 말 기준 우리나라 자동차 누적 등록 대수가 약 2,367만 대라고 합니다. 인구 2.19명 당 자동차 1대를 보유하고 있는 것인데, 자동차세는 사실상 필수적으로 지출되는 세금이 되어 버렸습니다. 연납과 승용차 요일제 등의 제도를 활용하면 자동차세를 조금이라도 아낄 수 있습니다.

　자동차세는 자동차를 소유한 사람(또는 법인)이 과세 대상입니다. 자동차세는 국세가 아니라 지방자치단체에 내는 지방세입니다. 1년 기준으로 계산된 세액을 반으로 나눠 6월과 12월에 납부해야 합니다. 단, 연세액이 10만 원 이하인 차량에 대해서는 6월에 한 번만 부과합니다.

　승용자동차는 배기량, 승합자동차는 승차 인원과 규격, 화물자동차는 적재량을 기준으로 자동차세과 부과되며 비영업용 승용자동차의 경우 지방교육세 30%가 포함됩니다. 배기량이 없는 전기차는 영업용 2만 원, 비영업용 10만 원의 자동차세가 부과됩니다.

소유한 날짜만큼 일할 계산해 후불로 내는 것이 원칙입니다. 중간에 자동차를 바꾸더라도 소유한 기간만큼 계산해서 내는 것입니다. 그리고 자동차세는 폐차하거나 양도하면 별도의 신청 없이 남은 기간에 해당하는 금액을 환급받을 수 있습니다.

다른 시나 도로 이사를 하는 경우에는 환급 대신 새로운 주소지의 자동차세를 면제받게 됩니다.

자동차세를 나눠서 내지 않고 한 번에 납부하는 연납 제도를 활용하면 세액을 감면받을 수 있습니다. 연납제도는 자동차세를 언제 납부하는가에 따라 공제율이 달라집니다. 1월에 내면 10%, 3월에 내면 7.5%, 6월에 내면 5%, 9월에 내면 2.5%의 공제를 받게 됩니다.

세알못 : 연납 신청은 어디서 하나요?

택스 코디 : 주민센터로 전화 또는 방문해서 신청할 수 있습니다.

공인인증서로 지방세 포탈사이트인 위택스에 접속해 신청과 동시에 납부도 가능합니다. 한 번 연납 신청을 하면 매년 자동으로 연납 신청이 되기 때문에 별도의 신청이 필요 없게 됩니다.

납부기한이 지나면 가산금이 부과되니 기한 안에 납부하는 것이 중요합니다. 납부기한을 한 달 넘기면 3%, 두 번째 달부터는 매달 0.75%의 가산금이 붙게 되며 자동차등록증이 압류되는 등 불이익을 당할 수 있습니다.

연납 외에도 승용차 요일제에 동참해 자동차세를 감면받을 수도 있습니다. 승용차 요일제는 비영업용 10인승 이하 승용차가 자율적으로 참여, 주중 하루(오전 7시 ~ 오후 8시) 동안 운행하지 않는 제도입니다. 지역에 따라 다소 차이가 있지만, 승용차 요일제에 참여하면 자동차세의 5~10%를 감면해줍니다.

서울시는 2020년부터 승용차 요일제를 폐지하고 그 대안으로 승용차 마일리지 제도를 도입했습니다. 승용차 마일리지는 연평균 주행거리와 가입 후 1년간의 주행거리를 비교해 감축 정도에 따라 인센티브를 제공하는 제도입니다. 적립된 마일리지는 자동차세 납부 등에 사용할 수 있습니다.

자동차의 노후화를 판단하는 기준인 차령에 따라서도 자동차세가 할인됩니다. 차령 3년 차부터 매년 5%씩 할인율이 증가합니다. 차령 12년의 경우 최대 50%까지 자동차세를 할인받을 수 있습니다.

 세알못 : 자동차세 신용카드 납부도 가능한가요?

 택스 코디 : 일부 신용카드를 이용하면 무이자 할부로 자동차세를 납부할 수 있습니다.

지방세인 자동차세는 국세와 달리 신용카드로 무이자 할부 납부해도 납부대행 수수료가 발생하지 않습니다. 단, 신용카드로 자동차세를 납부하면 마일리지 적립이나 실적 대상에서 제외가 될 수 있습니다.

3

자녀 학원비와 학비는
세금 공제를 어떻게 해야 하나?

 세알못 : 아이 학원에서 현금영수증이 의무라고 해준다고 해서 사업자 지출증빙 현금영수증을 발급받았습니다. 사업자등록증을 발급받기 위해 세무서 가서 학원비 현금영수증도 세금 처리가 가능한가를 물어보니 안 된다고 합니다. 근로소득이 있는 사람만 가능하다고 하는데 그런가요?

 택스 코디 : 그렇습니다. 사업자는 사업과의 연관성이 있는 경우만 경비 처리가 가능합니다. 학원비는 사업과는 거리가 먼 지출이기 때문에 경비 처리가 불가능합니다.

그러나 근로소득자의 연말정산에서는 공제가 가능합니다. 연령 제한은 없으나 소득금액이 100만 원 이하인 기본공제 대상자를 위해 지출한 교육비가 공제 대상입니다. 유치원과 초중고 학생은 연 300만 원, 대학생은 연 900만 원 한도로 세액공제를 받을 수 있습니다.

수업료 등 공과금의 성격만 해당되나 학교 급식비, 학교에서 구입한 교과서대, 학교에서 실시하는 방과후 학교 수업료도 공제가 가능합니다. 취학 전 아동은 보육비용이나 1주 1회 이상 실시하는 교육과정(음악, 미술, 무용학원, 수영, 태권도장 등)의 교습비용은 학원장이 발급한 증명서로 공제가 가능합니다.

국외 교육비도 세액공제가 가능합니다(공제 서류는 수업료 납입영수증과 재학증명서 등). 그리고 본인의 대학원 학비 전액, 형제자매를 위해 지출한 학비는 한도 내에서 공제가 가능합니다.

교육비 공제 대상 범위

기본공제 대상자인 초중고 · 대학생(국외 교육비 포함)의 경우	수업료, 입학금 , 수강료 등 공납금 초중고생의 경우 학교에서 실시하는 방과후 수업료, 학교에서 구입한 교과서대, 급식비 포함
기본 공제 대상자인 영유아 취학 전 아동의 경우	영유아 보육법상 보육시설 및 유아교육법상 유치원에 지급한 교육비 학원(음악, 미술학원 등) 및 체육시설(태권도장, 수영장 등) 업자에게 지급한 교육비(초등학생 이상의 사설학원비는 공제 대상인 아님)
근로자 본인의 경우	각급 학교 공납금 외 대학원비, 직업능력개발훈련을 위한 수강료 포함(단, 대학원비는 본인만 공제)
장애인의 경우	장애인 재활교육을 위한 특수 교육비를 포함

그 외 학생의 체험 학습비(1인당 연 30만 원 한도)와 근로자

(대출자)의 학자금 대출 원리금 상환액에 대해서도 교육비 세액 공제가 적용됩니다.

4

월급 생활자가
납부해야 하는 세금은?

 직장인 : 현재 직장을 다니고 있습니다. 종합소득세 신고를 해야 하나요?

 택스 코디 : 근로소득만 있는 경우에는 원천징수와 연말정산을 통해 납세의무가 종료됩니다.

그러나 근로소득 이외의 종합과세대상 소득이 있다면 합산하여, 종합소득세 신고를 해야 합니다.

연말정산이란 매월 받는 급여명세서를 보면 급여 안에 소득세, 지방소득세, 고용보험료 등이 포함되어 있습니다. 그 중 소득세와 지방소득세를 대강 떼어 간 세금인데 이를 한꺼번에 모아 정산하는 것을 말합니다. 한 번에 정산하는 이유는 개인마다 공제되는 내용이 다르기 때문에 1년에 한 번 기간을 정해서 정산하는 것입니다.

연봉 2,400만 원인 세알못 씨는 매월 200만 원을 받습니다. 식대는 현물로 제공되므로 연봉에는 포함되지 않는다고 가정합니다.

세알못 씨의 급여명세서

급여액		200만 원	소득세		19,520 원
비과세소득	식대 운전보조금 초과근무수당		지방소득세		1,950 원
			고용보험료		9,000 원
			국민연금료	공제액	90,000 원
			건강보험료		67,000 원
			계		187,470 원
과세소득		200만 원	차인 지급액		1,812,530 원

위 표에서 소득세와 지방소득세는 국세청 사이트에서 검색이 가능한 간이세액표에 따라 매월 원천징수한 뒤 연말정산을 거쳐 다시 환급되거나 징수되기도 합니다. 매월 납부한 세금이 연말정산 과정을 거쳐 세금을 비교해 전에 납부한 것이 더 많으면 되돌려 주고, 부족하면 추가로 징수하는 것입니다.

연봉이 모두 과세소득이고 기본공제와 특별공제 등의 공제액이 600만 원 정도라고 가정하면, 총 납부한 세금은 234,240원(19,520원 × 12개월)이고 정산 결과 247,050원이 나왔으므로 차액 12,810원을 더 납부해야 합니다. 물론 공제를 더 받으면 환급을 받게 될 수도 있습니다.

근로소득세 산출과정은 아래와 같습니다.

근로소득금액(근로소득 – 근로소득공제)	2,400만 원 – 8,850,000원 = 15,150,000원
과세표준(근로소득금액 – 종합소득공제)	15,150,000원 – 6,000,000원 = 9,150,000원
산출세액(과세표준 × 세율)	9,150,000원 × 6% = 549,000원
결정세액(산출세액 – 세액공제)	549,000원 – 301,950원(근로소득 세액공제) = 247,050원
차감징수(환급) 세액	247,050원 – 234,240원 = 12,810원(지방소득세 10% 별도)

 세알못 : 근로소득공제는 무엇인가요?

 택스 코디 : 근로소득공제란 총급여액에서 일률적으로 공제하도록 법에서 정하고 있습니다.

근로소득공제 내용을 살펴보면 아래와 같습니다. 2020년 이후부터 근로소득공제는 2천만 원까지만 받을 수 있습니다. 세알못 씨는 연봉이 2,400만 원이므로, 885만 원(750만 원 + 900만 원 × 15%)이 근로소득공제가 가능합니다 .

연간 급여액	공제액
500만 원 이하	총급여액의 70%
500만 원 초과 1,500만 원 이하	350만 원 + 500만 원 초과금액 × 40%
1,500만 원 초과 4,500만 원 이하	750만 원 + 1,500만 원 초과금액 × 15%
4,500만 원 초과 1억 원 이하	1,200만 원 + 4,500만 원 초과금액 × 5%
1억 원 초과	1,475만 원 + 1억 원 초과금액 × 2%

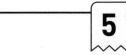

5

연말정산을 못했다면,
어떻게 해야 하나?

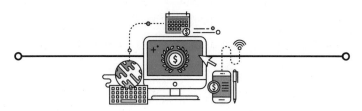

연말정산을 하지 않으면 소득공제 및 세액공제를 적용받을 수 없으므로, 연말정산을 했을 때의 세액보다 더 많은 세금을 부담해야 합니다. 연말정산을 하지 않아서 본인에 대한 기본공제만 적용되어 산출한 세액이 매달 원천징수한 세액보다 많으면 세금을 추가 납부해야 하고, 반대라면 환급 세액이 발생하게 됩니다.

연말정산을 하지 못한 경우에는 5월에 홈택스 또는 세무서

▲ 국세청 홈택스 연말정산 페이지

를 방문해 종합소득세 신고를 하여 연말정산 자료를 반영할 수 있습니다. 해당 연(예 : 2019년)에 연말정산을 하지 못한 경우와 해당 연 이전(예 : 2019년 이전)의 연말정산을

하지 못한 경우 대처법은 아래와 같습니다.

- **해당 연(2019년) 연말정산 :**
  그 다음 해(2020년) 5월 종합소득세 신고 기간에 주소지 관할 세무서에 환급신청을 합니다.
- **해당 연(2019년) 이전의 연말정산 :**
  주소지 관할 세무서에 경정청구를 합니다. 경정청구 대상은 그 다음 해(2020년)부터 5년 전의 것도 가능합니다.

6

맞벌이 부부의 연말정산에서
세금을 덜 내는 방법은?

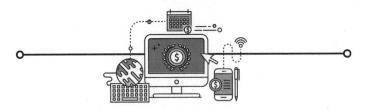

맞벌이 부부의 부양가족인 자녀에 대한 기본공제는 부부 어느 쪽이라도 공제가 가능합니다. 그런데 주의할 점은 자녀에 대한 보험료나 교육비, 그리고 의료비 공제는 기본공제를 받은 쪽에서 받도록 규정이 바뀌었습니다. 추가공제 중 경로우대자나 장애인 공제도 기본공제를 받은 사람이 같이 받아야 합니다. 남편이 부모에 대한 부양가족 공제를 받았으면 부모에 대한 경로우대자 추가공제도 남편의 소득에서만 공제가 가능합니다.

의료비 지출액이 적은 경우에는 급여가 적은 쪽에서 기본공제와 의료비 공제를 받는 것이 유리합니다. 가령 남편은 3천만 원, 부인은 2천만 원의 급여를 받는다고 가정하고 이 부부의 의료비 지출액이 200만 원일 때, 급여의 3%를 초과한 의료비 지출액을 계산하면 남편은 110만 원(200만 원-3천만 원의 3%), 부인은 140

만 원(200만 원-2천만 원의 3%)이 나오기 때문에 부인이 의료비 공제를 받는 것이 더 나은 것입니다.

직장인 : 맞벌이 부부 한 쪽은 사업자이고 다른 쪽은 근로소득자인 경우에는 어떻게 하나요?

택스 코디 : 그런 경우에는 기본공제나 추가공제 중 사업자와 근로소득자에게 공통적으로 적용할 수 있는 것(부양가족에 대한 기본공제 등)만 위에서 본 것처럼 소득이 높은 쪽에서 공제받는 것이 유리합니다.

그 밖의 특별공제는 원칙적으로 근로자를 위해서 만든 제도이므로 사업자는 해당이 안 될 수가 있습니다.

정리하면 소득공제 중에서 선택 가능한 것은 소득이 더 많은 사람 소득에서 먼저 공제하는 것이 대부분의 경우 유리합니다. 그러나 모든 경우에서 그런 것은 아니니 누구 앞으로 공제를 받는 것이 더 유리한지 꼭 생각해봐야 합니다.

부부가 모두 근로소득자라면 부부의 연간 근로소득이 500만 원을 초과하면 배우자 공제를 적용하지 못합니다. 이런 상황이면 부양가족에 대한 기본공제, 추가공제, 보험료, 교육비, 의료비 공제 등은 급여가 더 많은 쪽에서 공제를 받는 것이 더 낫습니다. 이는 누진세율을 이용한 세테크 전략입니다.

부부가 사업자와 근로소득자인 경우에는 사업자는 인적공제 중 기본공제와 추가공제 정도만 받을 수 있습니다. 선택 가능한 공제는 소득이 많은 쪽에서 받으면 됩니다. 자녀나 부모 등에게 특별공제액이 많다면 근로소득자인 쪽에서 공제를 적용해야 더 유리합니다.

맞벌이 부부의 공제 적용법

공제 대상		배우자 남편	배우자 부인	비고
기본 공제	배우자	서로 공제 불가		소득금액이 100만 원 이하면 공제 가능
	부양가족	선택(A 나 B)		직계존비속 등에 대한 공제는 선택 가능
추가 공제	경로우대자 장애인	위 기본공제를 받은 A 나 B		위의 기본공제를 적용받은 사람이 함께 공제를 받음
	부녀자	선택 불가		여성 배우자만 공제
	자녀	선택(A 나 B)		출산 및 6세 이하 공제가 대상임
특별 공제	보험료	지출자	지출자	배우자를 위해 지출 : 공제 불가 자녀를 위해 지출 : 지출자가 공제
	교육비	지출자	지출자	자녀 : 기본공제를 받은 배우자가 공제 직계존속 : 공제 불가 배우자 : 지출자가 공제 가능
	의료비	지출자	지출자	자녀, 직계존속 : 기본공제를 받은 배우자가 공제를 받음 배우자 : 지출자가 공제 받음
	주택자금	세대주로서 지출자		이자 상환 공제는 다른 세대원도 공제 가능
	기부금	지출자	지출자	
	신용카드	지출자	지출자	부양가족이 쓴 것은 A 나 B 선택 가능

자녀양육비, 보험료와 교육비, 의료비, 기부금은 소득공제가 아닌 세액공제로 적용됩니다.

카드 사용이 현금 사용보다
세금환급이 더 된다?

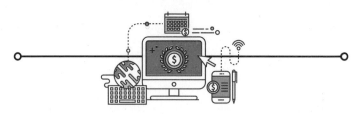

　근로자가 재화나 서비스 제공에 대한 대가로 신용카드나 직불카드 또는 체크카드로 사용한 금액이 연간 급여액의 25%를 초과한 경우, 그 초과액의 15%(직불카드와 체크카드, 전통시장 및 대중교통비 사용분은 30%, 도서 공연비 사용분은 40% 적용)를 300만 원(전통시장 사용분과 대중교통비 이외 도서, 공연비에 대해 100만 원 한도 추가)과 급여액의 20% 중 적은 금액을 한도로 공제하는 것을 신용카드 소득공제라고 합니다.

　가령 연봉이 3천만 원이고 신용카드 사용 금액이 800만 원이라면 공제액은 아래와 같습니다.

> **신용카드 공제액** : [800만 원 − (3천만 원 × 25%)] × 15% = 75,000원

신용카드(현금영수증 포함) 사용액에서는 소득금액이 100만 원 이하인 가족이 사용한 금액도 포함(형제자매는 제외)되므로 연말 정산 때 반드시 이를 고려해 가족이 사용한 금액까지 공제를 신청해야 합니다. 단, 사업체 경비나 특별공제 대상인 보험료나 교육비에 해당하는 경우, 위장 가맹점이나 외국에서 사용한 경우, 조세공과금은 해당되지 않습니다. 그리고 의료비를 카드로 지출한 경우에는 일반적으로 의료비 공제와 신용카드 사용 공제를 동시에 받을 수 있습니다.

학원비를 지로영수증으로 내면 신용카드를 사용한 것으로 보아 소득공제가 적용됩니다. 이외 월세 금액을 지출일로부터 1개월 내에 국세청 사이트에 등록하면 추가로 이 공제를 받을 수 있습니다. 임대인으로부터 현금영수증을 발급 받아 근로소득자의 연말 정산 시 신용카드 등 사용액과 합산됩니다. 임대인의 사업자등록이 없어도 가능하며, 신고 시 임대인의 동의는 필요하지 않습니다.

신용카드 소득공제는 복잡한 과정을 거쳐 공제액이 결정되므로 이 과정을 정확히 이해하고 무분별한 소비지출이 되지 않도록 하는 것이 중요합니다.

다시 한 번 정리하면 아래와 같습니다.

- 신용카드 등 사용 금액이 연봉의 25%를 초과해야 합니다.
- 공제금액은 연봉의 25%를 초과한 금액에 15%를 곱해 계산합니다.

이렇게 결정된 금액이라도 총급여액의 20%와 300만 원 중 작은 금액 이하에서 공제받을 수 있습니다. 신용카드 공제로 인한 절세 효과는 신용카드 공제액에 본인의 적용 세율을 곱해 계산됩니다.

- **신용카드 소득공제 대상이 되는 카드 범위 :**
  신용카드, 직불카드와 체크카드 그리고 현금영수증, 지로영수증(직불카드와 체크카드는 소득공제율이 원칙적으로 30%)

8

중도 퇴사를 할 경우,
연말정산을 어떻게 하나?

직장인 : 회사를 그만 둘 예정입니다. 연말정산 과정이 어떻게 되나요?

택스 코디 : 일단 퇴사 후 어떤 일에 종사하는가가 중요합니다. 퇴사 후 다른 회사로 가는 경우, 사업을 하는 경우, 실직 상태로 있는 경우 등에 따라 과정이 달라집니다.

　퇴사 후 같은 해 다른 회사로 취업하는 경우에는 종전 회사에서 받은 근로소득 원천징수 영수증을 새로 다니는 회사에 제출해야 합니다. 두 회사에서 받은 급여를 합산해서 정산하기 때문입니다. 이를 누락하면 수정신고를 해야 합니다. 퇴사 후 그해에 사업을 시작하면 근로소득과 사업소득이 동시에 발생하므로 두 소득을 합산해 다음 해 5월 종합소득세 신고를 해야 합니다.

　퇴사 후 실직상태가 계속 이어진다면 일단 퇴사 시 약식정산이 되므로 그때 공제받지 못한 특별공제는 다음 해 5월 중에 추가로 신청해 환급받을 수 있습니다. 신청은 주소지 관할 세무서에서 합니다.

 직장인 : 올 봄에 퇴사 후 연말까지 직장을 구하지 못했습니다. 중간 연말정산 때 납부한 세금이 100만 원 있는데, 이 세금을 환급받기 위해서 할 수 있는 방법은 무엇인가요?

 택스 코디 : 다음 해 5월 중에 거주지 관할 세무서에 특별공제 서류를 제출해 공제받을 수 있습니다. 특별공제 범위는 질문자가 근로자 신분이었을 때 발생한 것을 기준으로 합니다.

신용카드 공제를 예를 들면, 4월에 퇴사했다면 4월까지 자신이 사용한 것에 대해서만 공제(연금저축은 모두 공제)받을 수 있습니다.

▲ 연말정산 신고서

9

회사가 폐업한 경우,
연말정산 환급금 받을 수 있나?

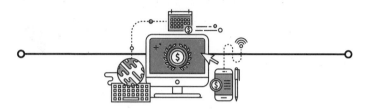

원천징수의무자인 회사가 연말정산 환급금을 근로자에게 지급해야 하나, 회사 자금사정으로 지급하지 못하는 회사들이 종종 있습니다. 그중 부도 또는 폐업으로 인해 회사가 근로자에게 연말정산 환급금을 지급하지 못하는 경우, 근로자들은 환급금을 받을 수 있는 방법이 묘연해집니다.

그래서 아래와 같이 요건을 모두 충족하는 경우, 근로자가 직접 연말정산 환급금을 신청할 수 있습니다.

- 회사가 연말정산 환급 신청 후 부도, 폐업 등으로 소재 불명되어 회사를 통해 근로자에게 환급금을 지급하는 것이 사실상 불가능한 경우(부도기업은 금융결제원 홈페이지에서 당좌거래정지자로 조회되는 기업에 한함)
- 회사에서 매월 또는 반기별로 근로소득세 납부한 경우
- 연말정산분 원천세 신고와 근로소득지급명세서를 제출한 경우

신청방법

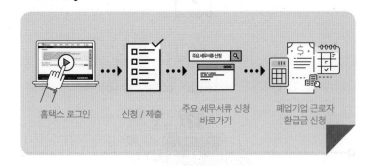

홈택스 로그인 → 신청 / 제출 → 주요 세무서류 신청 바로가기 → 폐업기업 근로자 환급금 신청

신청기한

근로자가 직접 연말정산 환급금을 신청할 수 있는 기간은 3월 13일부터 3월 20일까지(온라인 제출은 국세청 홈택스, 서면 제출은 관할 세무서 민원실에)입니다.

▲ 국세청 홈택스 환급금 조회 페이지

10

연말정산을 직접 할 수 있다고?

A씨는 총급여액이 4천만 원(식대 120만 원 포함)인 근로자이고 부모와 동거하고 있으나 부모는 따로 소득이 있습니다(세대주는 아버지). 공제 자료는 국민연금, 고용보험, 건강보험료 240만 원, 생명보험료 120만 원, 의료비 280만 원, 신용카드 사용액 300만 원, 연금저축액 300만 원입니다.

A씨는 연말정산을 직접 해보기로 합니다.

- **근로소득** : 4천만 원 - 120만 원(식대, 월 10만 원의 식대는 비과세) = 38,800,000원

- **근로소득금액 = 근로소득 - 근로소득공제(750만 원 + 1,500만 원 초과금액 × 15%)** : 38,800,000원 - 11,070,000원 = 27,730,000원

- **과세표준** = 근로소득금액 – 종합소득공제(기본공제 본인 150만 원 + 특별소
  득공제 240만 원(국민연금 등 사회보험료 공제 240만 원) :
  27,730,000원 – 3,900,000원 = 23,830,000원

- **산출세액** = 과세표준 × 세율 – **누진공제** :
  23,830,000원 × 15% – 1,080,000원 = 2,494,500원

※ **신용카드 소득공제** : 사용액(300만 원)이 A씨의 총급여액의 25%에 미달하므
로 공제를 받을 수 없습니다.

※ **근로소득세액공제** : 산출세액이 130만 원을 초과하면 715,000원 + 130만 원
초과금액의 30 /100을 적용하나 한도가 있습니다.
근로소득세액공제액 : 715,000원 + (2494,000원 – 1,300,000원) × 30% =
1,073,350원
한도 : 74만 원 – (3,880만 원 – 3,300만 원) × 8/1,000 = 693,600원

※ **특별세액공제** : 보험료 12만 원(100만 원 × 12%)

※ **의료비공제** : 24만 원(160만 원 × 15%, 의료비 세액공제는 의료비 지출액
280만 원이 총급여의 3% 120만 원을 초과하므로 그 초과액인 160만 원에
15%를 곱해 적용)

※ **연금계좌 세액공제** : 45만 원(300만 원 × 15%)

- **결정세액** = 산출세액 – 세액공제(근로소득세액공제 693,600원, 특별세액공
제 120,000원, 의료비공제 240,000원, 연금계좌 세액공제 450,000원) :
  2,494,500원 – 1,503,600원 = 990,900원

- 환급(또는 납부)세액 = 결정세액 - 기납부세액(매월 원천징수된 세액, 간이 세액조견표 기준으로 매월 126,640원을 원천징수) :

  990,900원 - 1,519,680원 = -528,780원

    A씨는 연말정산으로 약 53만 원을 환급받게 됩니다. 이 환급세액 53만 원은 A씨의 2월 급여를 지급받을 때 함께 돌려받게 됩니다. 소득세의 10%만큼 지방소득세를 더 환급받게 됩니다.

11

결혼식 축의금에도 세금을 매기나?

결혼하면 들어오는 축의금으로 예비부부의 혼수를 마련해주기도 합니다. 그런데 축의금으로 자녀의 신혼집을 마련하거나 자동차를 구입하면 증여세가 부과될 수 있습니다. 판례에 따르면, 지인들이 결혼 당사자에게 건넨 것을 제외한 축의금은 부모의 것으로 판단하고, 축의금으로 혼수를 장만하면 증여가 되어 자녀가 증여세를 내야 할 수도 있습니다.

세법에선 사회통념상 인정되는 정도의 축의금이나 조의금에 대해서는 증여세를 과세하지 않는다고 나와 있습니다. 사회통념상 인정되는 정도인가의 여부는 그것을 받는 사람 입장에서 총액을 따져 판단하는 것이 아니라, 그것을 지급한 사람을 기준으로 판단합니다. 그러므로 단순히 축의금이나 조의금으로 받은 총액이 많다고 해서 무조건 증여로 보는 것이 아니고, 어느 한 사람이 사회통념상 과다하게 볼 수 있는 정도의 부조금을 냈다면 이는 증여로 간주될 수 있습니다.

상속재산이란 피상속인(상속재산을 가진 본래 주체로서 사망한 자)에게 귀속되는 재산으로, 경제적 가치가 있는 모든 물건과 재산적 가치가 있는 법률상 또는 사실상의 모든 권리가 포함됩니다. 세법에선 피상속인의 사망으로 문상객에서 받는 조의금은 피상속인에게 귀속되는 재산으로 보지 않습니다. 즉 상속재산이 아니라는 것입니다.

 세알못 : 그렇다면 조의금은 상속인이 문상객으로부터 증여를 받은 건가요?

 택스 코디 : 문상객으로부터 받은 조의금도 축의금과 마찬가지로 사회 통념상 필요하다고 인정되는 정도의 금액이라면 증여세가 과세되지 않습니다.

Chapter 3
사업자라면
반드시 알아야 할 세금상식

창업할 때 대출받은 자금은
어떻게 세금처리해야 하나?

사업을 시작하거나 운영하는 도중에 자금이 부족하면 일반적으로 금융기관을 통해 대출을 받게 됩니다. 대출을 받게 되면 당연히 원금과 이자를 상환해야 합니다. 사업을 하기 위해 받은 대출원금은 비용처리가 불가능하고, 이자는 비용처리가 가능합니다. 대출 이자가 비용으로 인정받으려면 아래의 요건이 필요합니다.

※ **장부기장** : 이자로 지출한 내역을 증빙서류로 갖추고 장부기장을 통한 신고를 해야 합니다.
※ **대출금이 자산금액을 초과하지 않을 것** : 부채가 사업용 자산을 초과하는 경우에는 그에 따른 이자는 비용처리 되지 않습니다.

사업용 자산을 구입하기 위해 차입한 금액을 용도와 다르게 사용한 경우에는 이를 비용으로 인정하지 않는데, 이를 세법에서는 초과인출금에 대한 지급이자라고 합니다. 즉, 사업용으로 대출을 실행하고 부동산 투기, 자택구입 등 사업과 관련 없이 자금을 사용하는 경우에는 사업용 자산의 합계액이 대출액의 합계에 미달할 수밖에 없는데, 그 미달금에 상당하는 이자비용은 비용처리를 할 수 없습니다.

에를 들어, 5억 원(대출이율 5%라 가정)을 대출받아서 3억 원은 사업장 인테리어 등에 사용하고, 나머지 2억 원은 개인용도로 사용한 경우에는 대출이자 2,500만 원 중 2/5는 비용처리를 할 수 없습니다. 채권자가 불분명한 경우에도 해당 차입금에 대한 지급이자는 비용처리를 할 수 없습니다. 이와 같은 차입금이 아니더라도 원천징수를 하지 않은 경우에도 지급이자는 비용처리가 불가능합니다.

초보 사장님 : 그럼 원천징수를 하면 되나요?

택스 코디 : 타인에게 이자비용을 지급할 때 원천징수할 금액은 이자금액의 27.5%로 많이 높습니다. 따라서 현실적으로 금융기관 차입금에 대한 이자비용 외에는 거의 인정받을 수 없습니다.

초보 사장님 : 채권자가 불분명한 경우란 어떤 건가요?

택스 코디 : 채권자의 소재 및 성명을 확인할 수 없는 차입금, 채권자의 능력 및 자산상태로 보아 금전을 대여한 것으로 인정할 수 없는 차입금, 채권자와의 금전거래사실 및 거래내용이 불분명한 차입금을 말합니다.

2

면세사업자,
과세사업자가 내는 세금 방식이 다르다?

소득이 낮은 서민들이 주로 소비하는 품목, 기초생활품목 등에 대해서는 부가가치세를 부과하지 않습니다. 이를 면세라 부르고, 이를 취급하는 사업자를 면세사업자라 부릅니다. 면세품목은 세법으로 명시되어 있고, 면세사업자는 부가가치세 신고 및 납부의 의무가 없습니다.

 초보 사장님 : 면세품목은 어떤 것이 있나요?

 택스 코디 : 기초생활필수품(미가공식료품, 연탄과 무연탄, 수도 등), 국민후생용역(병의원), 교육(허가된 학원), 여객운송, 문화 관련(도서, 신문, 방송, 예술창작 등), 기타(토지 등) 등이 있습니다.

흔히 병의원, 학원, 농축수산물 판매업, 대부업, 주택임대업, 출판업 등의 사업을 운영하는 사업자를 면세사업자라 하고 부가가치세신고는 하지 않습니다.

대신 사업장의 현황신고라 하여 매년 2월 10일까지 전년도 매출/매입처별 계산서 합계표와 사업장 현황신고서를 제출해야 합니다. 그 이유는 부가세신고를 하지 않기에 나라에서는 면세사업자의 소득을 책정할 수 없기 때문입니다 따라서 면세사업자의 사업장현황신고 시의 수입금액이 종합소득세 신고 시 과세표준이 됩니다.

사업장현황신고 시 수입금액을 3,000만 원이라고 하였는데, 종합소득세 신고 시 수입금액을 2,000만 원이라 신고하면 세무서에서 소명 요청이 들어올 수 있으니 주의가 필요합니다.

부가가치세는 언제 도입되었나?

1976년 12월 22일에 제정하여 1977년 7월 1일에 시행한 부가가치세법은 우리나라 세정 역사에 일대 혁신을 가져왔습니다. 부가가치세는 각 거래 단계에서 발생한 부가가치세를 과세대상으로 하는 세금으로 처음 시행 당시에는 기본세율 13%에 탄력세율로 10%를 적용했습니다. 1988년에 법률로 10%의 단일 세율을 규정했습니다.

수출 장려의 목적으로 영세율(0의 세율)을 적용하고, 세부담의 역전성을 완화하기 위해 기초생필품 등에 면세를 했습니다. 부가가치세는 소득세 등의 선행 세목으로 세금계산서 제도를 정착시켜 사업자 간의 거래 실적을 투명화시켜 고세표준 양성화에 크게 기여했습니다. 영세한 납세자의 세부담을 덜어주기 위해 공급대가를 과세표준으로 하고 낮은 세율을 적용하는 과세특례를 제한

적으로 허용했습니다.

부가가치세 시행 초기에는 모든 사업자가 2개월마다 신고하도록 했는데 1979년부터 3개월 단위로 신고하도록 하여 예정 및 확정 신고의 체계를 갖추었습니다. 1994년부터 일정 규모 이하의 개인사업자를 대상으로 부가가치세 예정고지 제도를 시행했고 신용카드발행금액 세액공제를 적용했습니다.

1995년에는 연간 매출액 1억 5천만 원 미만인 개인사업자에 대하여 업종별 부가가치율에 따라 납부세액을 계산하는 간이과세 제도를 도입했으며, 2000년에 과세특례 제도를 폐지하면서 연간 공급가액의 합계액이 4,800만 원(2021년부터 8,000만 원으로 상향) 미만 사업자를 간이과세자로 분류했습니다.

2000년 7월에 전자신고 제도를 도입하여 2003년에는 전자신고를 전국의 모든 사업자로 확대했습니다. 2010년에 전자세금계산서 제도를 도입하여 2011년에 법인사업자, 2012년에 직전연도 공급가액 10억 원 이상 개인사업자, 2014년 7월에 직전연도 공급가액 3억 원 이상 개인사업자로 발급 의무를 확대했습니다.

2013년에는 모든 간이과세자의 신고 횟수를 1년 1회로 축소했고 2019년 1월부터 간이과세자의 납부의무 면제 기준금액을 종전 2,400만 원에서 3,000만 원(2021년부터 4,800만 원으로 상향)으로 상향했으며, 부가가치세 신용카드 대리납부 제도를 시행했습니다.

4

면세사업자도 장부를 작성해야 한다?

　면세사업자도 세법 상 사업자이므로 사업자의 의무를 다해야 합니다. 그런 이유로 장부를 작성해야 합니다. 사업에 관련한 지출에 대한 객관적인 증빙을 근거로 그 내용에 관한 거래사실을 장부에 기록을 해야 비용으로 인정받을 수 있습니다.

　과세사업자와 마찬가지로 간편장부 대상자와 복식부기 의무자로 나뉩니다.

　예를 들어, 학원은 교육 서비스업에 해당하기 때문에 직전 년도 수입금액이 7,500만 원을 초과하면 복식부기 의무자가 됩니다. 장부작성의 기준이 되는 직전년도는 장부작성을 하는 해의 전년도를 말합니다.

　가령 2018년 수입금액이 1억 원, 2019년 수입금액은 7천만 원인 학원이 2020년 종합소득세를 신고할 때는 2018년 수입금액이 7천 5백만 원을 초과했으므로 2019년 장부는 복식부기로 작성을 해야 합니다.

반대로 2018년 수입금액이 7천만 원, 2019년 수입금액은 1억 원인 학원이 2020년 종합소득세를 신고할 때는 2018년 수입금액이 7천 5백만 원 미만이므로 2019년 장부는 간편장부로 작성을 해도 됩니다.

 초보 사장님 : 2019년에 학원을 개원하였고 매출은 1억 원이 발생했습니다. 그럼 복식부기 의무자인가요?

 택스 코디 : 장부작성의 기준이 되는 2018년 수입금액이 없으므로 2019년 학원을 신규로 개원한 경우에는 2020면 종합소득세 신고는 간편장부 대상자가 됩니다.

단 학원이 법인이라면 무조건 복식부기 의무자가 됩니다. 참고로 연간 매출액이 2,400만 원 미만인 소규모 학원의 경우에는 장부작성을 하지 않고 추계신고를 해도 무기장가산세가 발생하지 않습니다.

▲ 간편장부 샘플

			간 편 장 부							
①	②	③	④수입		⑤비용		⑥고정자산 증감		⑦비고	
날짜	거래내용	거래처	금액	부가세	금액	부가세	금액	부가세		

5

간편장부 대상자와 복식부기 의무자는 어떻게 다른가?

개인사업자 종합소득세 신고는 장부 유형이 중요합니다. 장부 유형에 따라 신고 방식이 달라지기 때문입니다. 장부 유형은 크게 간편장부 대상자와 복식부기 의무자로 나뉜다. 업종별 수입금액에 따라 장부 유형은 구분되며 아래 표와 같습니다.

개인사업자의 업종에 따른 수입금액으로의 장부작성 기준

업종	간편장부 대상자	복식부기 의무자
농업, 임업, 어업, 광업, 도매 및 소매업, 부동산매매업(제122조 제1항) 등	3억 원 미만자	3억 원 이상자

업종	간편장부 대상자	복식부기 의무자
제조업, 숙박업, 음식점업, 전기/가스/증기 및 수도사업, 하수/폐기물처리 및 환경복원업, 건설업 운수업, 출판/영상/방송통신 및 정보서비스업, 금융 및 보험업, 상품중개업 등	1억 5천 원 미만자	1억 5천 원 이상자
부동산 임대업, 부동산 관련 서비스업, 임대업, 전문과학 및 기술 서비스업, 교육 서비스업, 보건업 및 사회복지서비스업, 개인 서비스업 등	7천 5백 원 미만자	7천 5백 원 이상자

단, 의사 / 변호사 등 전문직 사업자는 무조건 복식부기 의무자입니다.

장부 유형을 파악하고 장부를 기장하면 아래의 혜택이 있습니다.

세금회계의 관점에서는 사업자가 기록한 실제 소득에 따라 소득세를 적자(결손)가 발생한 경우 10년간 소득금액에서 공제할 수 있습니다. 부동산임대 사업소득에서 발생한 이월결손금은 해당 부동산임대 사업소득에서만 공제가 가능합니다.

그리고 감가상각비, 대손충당금, 퇴직급여충당금 등을 필요경비로 인정받을 수 있습니다. 장부를 기장하지 않은 경우보다 소득세 부담이 줄어듭니다. 무기장가산세가 적용되지 않고 간편장부 대상자가 복식부기로 기장 및 신고하는 경우에는 기장세액공제가 가능합니다.

관리회계의 관점에서는 장부기록을 해야만 정확한 수익, 비용이 산출됩니다. 사업장의 정확한 손익계산 매출액의 계산이 가능해집니다. 더불어 가격 변동에 따른 한계이익의 변화를 이익 시뮬레이션을 통해 이익을 낼 수 있는 상황을 정확하게 예측할 수가 있습니다.

초보 사장님 : 장부를 작성하지 않으면 불이익이 있나요?

택스 코디 : 장부를 기장하지 않았을 때의 불이익은 아래와 같습니다.

원칙적으로 비용 처리가 불가합니다. 적자(결손)가 발생하였을 경우에도 인정을 받을 수 없습니다. 그리고 무기장가산세 20%를 추가로 부담해야 합니다. 관리회계의 관점에서는 정확한 계산으로 예상되는 매출을 파악해서 하는 할인이 아니기에 매출이 늘어남에도 적자가 발생하는 결과를 초래할 수도 있습니다.

6

부가가치세 매입세액공제가 되는
차를 사라

초보 사장님 : 앞장을 읽고 차를 구입하는 방식과 세금 처리는 아무런 상관이 없다는 것을 알았습니다. 그럼 사업용으로만 사용하면 어떤 차든 세금처리가 가능한가요?

택스 코디 : 종합소득세 필요경비 처리는 사업용으로 사용되었다는 것을 입증하면 경비 처리가 가능합니다. 그러나 부가가치세 매입세액공제는 또 다릅니다. 세법에서는 부가가치세 매입세액공제가 가능한 차종을 별도로 구분을 하고 있습니다.

영업 목적용 차량이란 차량을 이용해서 직접 수익이 발생하는 업종의 자동차를 말합니다. 예를 들면, 운수업자의 운수용 승용차, 자동차 매매업자의 매매용 승용차, 자동차 대여업자의 대여용 승용차, 운전학원의 교습용 승용차, 경비업의 출동용 승용차 등이 영업 목적용 차량에 해당됩니다. 영업용에 해당하는 경우에는 부가가치세 매입세액공제가 가능합니다.

그리고 개별소비세가 과세되지 않는 차량(경차, 화물차, 9인승 이상의 승합차)도 영업용 차량과 마찬가지로 부가가치세 매입세액공제를 받을 수가 있습니다. 영업용 차량이더라도 영업 외 목적으로 사용하는 경우에는 부가가치세 매입세액공제를 받을 수가 없습니다.

가령 렌트카 업자가 렌트카를 사생활에 사용한 경우, 자동차 매매업자가 매매용 자동차를 출장 등 내부업무용으로 사용한 경우에는 부가가치세 매입세액공제를 받을 수가 없습니다. 영업용 차량과 개별소비세가 부과되지 않는 차를 업무목적으로 사용한 경우에는 감가상각비, 수선비, 유류비, 보험료, 통행비 등을 경비로 비용을 인정받을 수가 있습니다.

초보 사장님 : 업무목적이란 것이 어떤 기준으로 책정되어 있나요?

택스 코디 : 거래처, 대리점 등의 방문, 회의 참석, 판촉 활동, 출퇴근 등 직무와 관련된 업무수행을 위해서 차량을 사용한 경우를 말합니다. 그러나 업무와 무관한 개인적인 용도로 차량을 사용하였을 때는 경비로 인정되지 않습니다.

차량을 업무용과 비업무용으로 같이 사용하였을 경우 경비 계산법은 다음과 같습니다.

차량과 관련하여 발생한 경비 × 업무용 운행거리 / 총 운행거리

임대인이 세금계산서 발행 등 월세 근거를 주지 않는다면?

 초보 사장님 : 임대인이 간이과세사업자이면 세금계산서를 받을 수 없는 건가요?

 택스 코디 : 건물주가 미등록 사업자이거나, 간이과세사업자이면 세금계산서를 발행할 수가 없습니다.

그러므로 부가가치세 신고 시 매입세액공제를 받을 수 없습니다. 그러나 종합소득세 신고 시 경비로는 인정받을 수 있습니다.

예를 들어, 월임대료 110만 원을 주고 세금계산서를 받으면 부가가치세 신고 시 매입세액공제 10만 원과 종합소득세 신고 시 6만 원(소득세율을 6%라 가정)을 더해 총 16만 원을 세금 처리를 하게 됩니다.

그러나 세금계산서를 받지 못하면 부가가치세 매입세액공제는 받을 수가 없고, 종합소득세 신고 시 필요경비 66,000원(110만 원 × 소득세율 6%)만 세금처리가 가능한 것입니다. 그러므로 임대차 계약을 하기 전에 임대인의 사업자등록 유무와 과세유형을 알아보고 임대차 계약을 해야 합니다.

사업장의 공과금도 부가가치세 매입세액공제가 가능합니다. 전기요금 영수증의 공급받는 자란에 본인의 사업자등록증상의 상호, 사업자등록번호가 기재가 되면 세금계산서와 같은 역할을 하게 되어 부가가치세 매입세액공제가 가능합니다.

만약 전기요금 영수증에 전 사업자의 명의 또는 건물주 명의로 되어 있는 경우에는 부가가치세 매입세액공제가 불가능합니다. 이러한 경우라면 한국전력에 사업자 명의로 변경 신청을 해야 합니다.

초보 사장님 : 건물주 명의로 되어 있는데 명의 변경이 쉽지 않습니다. 이런 경우는 어떻게 하나요?

택스 코디 : 전기 사용자 명의를 변경할 수 없다면 건물주가 한전에서 세금계산서를 발급받아 매입세액으로 공제를 받게 됩니다. 임차인이 실질적으로 사용한 전기요금과 부가가치세액을 건물주에게 지급을 하고 건물주로부터 세금계산서를 교부받아 부가가치세 매입세액공제를 받으면 됩니다. 건물주에게 전기요금을 직접 주는 경우라면 당연히 사전 협의를 해야 하겠죠.

8

부모님 소유 건물 무상임대,
세금이 부과될 수 있다?

초보 사장님 : 부모님 건물을 무상으로 임대하여 사용 중 입니다. 문제가 되나요?

택스 코디 : 세법에선 사업자가 대가를 받지 아니하고 타인에게 용역을 공급하는 것은 용역의 공급으로 보지 아니하나, 사업자가 부가가치세법 시행령 제26조 제1항에서 정하는 특수관계인에게 사업용 부동산의 임대용역을 공급하는 것은 용역의 공급으로 보아 부가가치세가 과세된다고 정의합니다.

부모님이 자녀에게 본인 소유 부동산을 무상임대한다면, 부동산 임대에 따른 부가가치세 문제가 발생하지 않는 것으로 많이 알고 있는데, 세법에서는 사업용 부동산에 대해서 가족 등 특수관계인 간의 부동산 무상임대는 부기가치세를 과세하니 주의해야 합니다.

만약 무상임대를 했다면 임대인(부모)이 납부해야 할 부가가치세는 아래와 같이 계산됩니다.

> • 과세표준 = 임대부동산의 시가 × 50% × 과세대상일수 / 365 × 정기예금이자율
>
> • 부가가치세 = 과세표준 × 10 / 110

따라서 부모님 소유의 부동산이라도 적정 임대료를 지불하는 것이 유리합니다.

 초보 사장님 : 특수관계인이란 어디까지의 범위를 말하는 건가요?

 택스 코디 : 특수관계인의 범위는 아래와 같습니다.

- **혈족, 인척 등 대통령령으로 정하는 친족관계**

  6촌 이내의 혈족, 4촌 이내의 친척, 배우자(사실상의 혼인관계에 있는 자를 포함), 친생자로서 다른 사람에게 친양자, 입양된 자 및 그 배우자, 직계비속

- **임원, 사용인 등 대통령령으로 정하는 경제적 연관관계**

  임원과 그 밖의 사용인, 본인의 금전이나 그 밖의 재산으로 생계를 유지하는 자와 생계를 함께 하는 친족

- **주주, 출자자 등 대통령령으로 정하는 경영지배관계**

  – 본인이 직접 또는 그 외 친족관계 또는 경제적 연관관계에 있는 자를 통하여 법인의 경영에 대하여 지배적인 영향력을 행사하고 있는 경우 그 법인

– 본인이 직접 또는 그 외 친족관계, 경제적 연관관계 또는 가족의 관계에 있는
 자를 통하여 법인의 경영에 대하여 지배적인 영향력을 행사하고 있는 경우 그
 법인

9

아르바이트의 인건비 처리는
어떻게 해야 하나?

인건비 신고는 몇 가지로 구분됩니다. 흔히 정규직으로 불리는 근로소득자, 아르바이트로 여겨지는 일용직 근로자, 프리랜서에게 지급되는 사업소득 및 기타소득, 그리고 퇴직소득 등으로 구분되어 집니다. 실무에서 인건비를 지급하는 데 해당되는 인건비 신고를 근로소득으로 해야 할지, 사업소득으로 해야 할지, 또는 기타소득으로 해야 할지 등이 헷갈리는 경우가 종종 있습니다.

일반적으로 고용관계 계약에 따라 비독립적인 인적 용역인 근로를 제공하고 지급받은 소득은 근로소득에 해당됩니다. 고용관계 없이 독립된 자격으로 계속적으로 용역을 제공하고 지급받는 대가는 사업소득에 해당됩니다. 일시적으로 용역을 제공하고 지급받는 대가는 기타소득에 해당됩니다.

근로소득으로 보는 주요 사례

- 근로계약이 아닌 연수협약에 의해 연수생에게 지급하는 연수수당
- 장기근속 근로자에게 지급하는 금품(포상금)
- 근로자가 근무시간 외에 사내교육을 실시하고 지급받는 강사료
- 퇴직 후 지급받는 성과금
- 근로자파견계약에 따라 파견근로자를 사용하는 사업주가 직접 파견근로자에게 별도로 지급하는 수당 등

근로자를 일용직으로 등록하면 사업주는 국민연금과 건강보험을 의무적으로 가입하지 않아도 됩니다. 다만, 1개월 이상 고용하면 의무가입 대상입니다. 동시에 근로자도 일용직 소득은 분리과세 대상이니 종합소득세 신고를 하지 않아도 됩니다. 어떻게 보면 직원을 일용직으로 등록을 하면 사업주와 근로자 모두에게 득이 됩니다. 그래서 사업주 입장에서 비용 처리를 위해 4대보험 가입 의무도 없는 일용직을 허위로 신고하는 경우도 과거에는 많았습니다.

직원을 일용직으로 신고하게 되면 사업주는 고용·산재보험만 가입하면 되니 4대보험의 부담이 적고, 근로자는 일용직소득은 하루 15만 원을 넘지 않으면 비과세가 되고 종합소득세 신고도 하지 않으니 일석이조일 수가 있습니다.

과거에는 이런 점을 잘 활용하여 정규직 직원도 일용직으로 많이 신고를 하였습니다. 최근에는 4대보험을 관할하는 공단에서 이를 엄격히 다루는 편입니다. 현재의 공단 기준은 한 달에 8

일 이하로 일을 해야 하고, 급여도 80만 원 이하일 경우 일용직으로 봅니다.

일용직 근로자의 판단 기준은 세법과 4대 보험공단이 제시하는 기준이 다릅니다.

세법상 일용직 근로자로 해당되어 일용직 근로자로 국세청에 세금신고를 하면 해당 자료는 4대 보험공단으로 넘어갑니다. 그런데 4대 보험공단 기준으로 일용직이 아니라고 판단되면 미신고 4대보험료가 사업주에게 부과됩니다.

그러므로 일용직 근로자에 대해서는 세법상 기준보다는 4대 보험공단 기준에 맞추어 신고하는 것이 바람직합니다.

일용직 근로자의 구분 기준

- **세법** - 3개월 미만 계속 근로하는 자
- **4대 보험** - 1개월 미만 근로하는 자
- **국민연금** - 1개월간 8일 미만이고 월 60시간 미만 근로하는 자

10

신용카드 매출은
어떻게 세액공제를 받나?

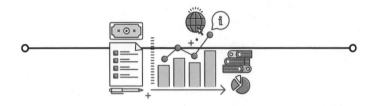

신용카드매출전표등 발급에 대한 세액공제란 부가가치세법 제 46조에 의거하여 사업자가 아닌 자에게 재화 또는 용역을 공급하는 사업자의 신용카드매출전표 등(신용카드매출전표, 직불카드영수증, 선불카드영수증, 현금영수증)의 발행금액의 1.3%를 결정세액에서 추가 공제하는 것을 말합니다.

- **세액공제 대상 사업자**
  소매업, 음식점업, 숙박업, 미용, 욕탕 및 유사 서비스업 등 거래상대방이 사업자가 아니라 주로 소비자인 경우로 한정됩니다. 직전년도 매출액이 사업장을 기준으로 10억 원을 초과할 경우 공제대상에서 배제됩니다.

- **세액공제 금액 및 한도**
  세액공제금액 = 발행금액 × 1.3% (간이과세자 중 음식점업, 숙박업은 2.6%)
  공제한도는 연간 1,000만 원까지 가능합니다. 공제할 금액이 부가가치세 납부

세액을 초과할 경우에는 환급이 되지 않습니다.

- **공제한도 확대 및 공제율 적용기한 연장**

  2018년 12월 8일 세법개정안이 국회 본회의를 통과했는데, 수정된 내용을 살펴보면 연간공제한도 500만 원이 1,000만 원으로 인상되었고, 공제율 적용기한도 2021년까지 3년 연장 되었습니다.

 초보 사장님 : 부가세 신고 시 환급받을 세액이 있으면, 신용카드매출 세액공제를 못 받는가요?

 택스 코디 : 네, 신용카드매출 세액공제는 납부세액에서 차감하여 공제받을 수 있는 것이므로, 납부세액이 없다면 공제 자체가 불가능합니다.

가령 5월 달에 치킨집을 창업한 김 사장님이 카니발 9인승을 부가가치세 환급목적으로 구매하였습니다. 7월 부가가치세 신고 시 구입한 카니발에 대한 매입세액공제를 받고 나니 부가가치세는 예상한 대로 환급이 되었습니다. 그러나 부가가치세가 환급되는 바람에 신용카드매출 세액공제는 받을 수 없게 되었습니다.

만약 카니발을 7월에 구입했다면, 내년 1월에 부가가치세 신고 시 카니발에 대한 매입세액공제도 받고 신용카드매출 세액공제도 받았을 것입니다. 그 이유는 상반기 부가가치세 신고는 5월에 사업자를 냈으므로 2달 매출만 적용되었고, 하반기 부가가치세 신고는 7월~12월까지 총 6개월 매출이니 당연히 매출이 많이 발생했을 것이기 때문입니다.

11

종합소득세 신고 시 절세방법은 무엇인가?

현재는 5억 원을 초과하면 최고 42% 소득세율이 적용됩니다. 그런데 앞으로는 10억 원 초과구간이 신설되어 최고 45%의 소득세율이 적용됩니다. 여기에 지방소득세 10%가 추가되니 최고 49.5%가 되는 것입니다.

직장인들이 연말정산 후에 납부하는 세금도 동일하게 이 세율이 적용됩니다. 퇴직금 역시 동일 적용되고, 아파드 등을 매도하고 발생하는 양도차익에 대해 납부하는 양도소득세를 낼 때도 동일하게 적용됩니다. 모두 소득세이기 때문입니다.

2021년부터 적용되는 과세표준에 따른 세율

과세표준 (소득금액 − 소득공제)	세율
1,200만 원 이하	과세표준금액의 6%
1,200만 원 초과 4,600만 원 이하	72만 원 + 1,200만 원을 초과한 금액의 15%
4,600만 원 초과 8,800만 원 이하	582만 원 + 4,600만 원을 초과한 금액의 24%
8,800만 원 초과 1억 5천만 원 이하	1,590만 원 + 8,800만 원을 초과한 금액의 35%
1억 5천만 원 초과 3억 원 이하	3,760만 원 + 1억 5천만 원을 초과한 금액의 38%
3억 원 초과 5억 원 이하	9,460만 원 + 3억 원을 초과한 금액의 40%
5억 원 초과 10억 원 이하	1억 7,460만 원 + 5억 원을 초과한 금액의 42%
10억 원 초과	3억 8,460만 원 + 10억 원을 초과한 금액의 45%

종합소득세는 개인별로 과세되고 과세표준의 크기가 커짐에 따라 높은 세율이 적용되는 누진세율을 적용하므로 공동명의를 하면 소득이 분산되는 효과가 있기 때문에 절세가 됩니다. 사업을 부부가 같이 하는 경우가 더러 있습니다. 대다수 특별한 이유 없이 한 사람의 명의로 사업자등록을 합니다. 그러나 세금 측면만 고려하면 공동명의를 하는 것이 세금이 적게 나옵니다. 종합소득세는 각 개인별로 소득세를 부과하기 때문입니다. 더불어 누진이 되는 구조이기 때문에 한 사람이 모든 소득을 가지는 것보다는

동일한 소득을 부부가 나눈다면 세금이 적게 나오는 구조입니다.

 초보 사장님 : 최초 시작은 단독명의로 했으나, 와이프를 공동명의자로 추가해도 되나요?

 택스 코디 : 네. 가능합니다. 개인사업자를 공동사업자로 전환하면 됩니다. 개인사업을 공동사업자에게 포괄양도하거나, 개인사업자를 폐업하고 공동사업자로 등록을 하면 됩니다.

12

장부작성이 중요한 이유가 뭐죠?

장부작성은 세금대리인들만이 가능한 것이 아니라 누구나 작성할 수 있습니다. 회사 거래의 일기장을 적는다고 생각하면 조금 쉽게 다가갈 수 있을 것입니다. 매일매일 발생한 거래를 기록하고, 그것이 일정 기간 쌓이면 장부가 되는 것입니다. 번 돈을 기록한 장부는 매출장(매출장부), 벌기 위해 쓴 돈을 기록한 장부는 매입장(매입장부)이 되는 것입니다.

장부작성을 통해서 일정 기간 동안 거래의 흐름을 일목요연하게 살펴볼 수 있습니다. 더불어 장부는 회계 업무의 최종 목표인 재무제표 작성의 전 단계 역할을 하게 됩니다. 그러기에 평소에 장부를 잘 기록해 놓으면 재무제표를 작성하는 데도 그만큼 효율적이게 됩니다.

매일 일기를 적듯이 장부를 적어야 합니다. 장부를 적는 목적은 세금신고를 하기 위해서가 아닙니다. 운영하는 사업장의 이익은 얼마인가를 알기 위해서입니다. 그런데 장부를 적으면 세금신고도 편해집니다.

사업의 규모가 작아서 좀 커지면 장부를 적겠다는 사장님들도 있습니다. 저는 사업을 시작하는 순간부터 장부를 작성하라고 합니다. 이유는 습관은 미리미리 들이는 것이 좋기 때문입니다. 장부를 적는 습관은 아주 좋은 절세습관입니다.

국세청에서는 소규모 개인사업자들의 세금업무 부담을 덜어주기 위해, 전문적인 세금과 회계 지식이 없이도 쉽게 작성할 수 있는 장부를 보급하게 되었는데 그것이 바로 간편장부입니다.

간편장부 작성법 예시

❶ 일자	❷ 거래내용	❸ 거래처	❹ 수입(매출)		❺ 비용 (원가 관련매입 포함)		❻ 고정 자산 증감		❹ 비고
			금액	부가세	금액	부가세	금액	부가세	
1/5	의류매입	주)팬덤			500.000	50.000			세계
1/6	거래처 접대	팬덤갈비			50.000				신카
1/10	급여	김대리			900.000				
1/12	비품구입	팬덤유통			30.000	3.000			신카
1/15	운반비	팬덤 퀵서비스			20.000				영
1/20	의류매출	팬덤상회	900.000	90.000					세계

비고란의 세계는 세금계산서, 영은 영수증, 신카는 신용카드인데 거래 후 주고 받은 증빙유형은 위와 같이 간단히 표시하면 됩니다.

고정자산은 1년 이상 사용되면서 보통 100만 원이 넘는 자산을 말하는 것으로, 예를 들어 1,100,000원 컴퓨터를 구입하였다면 아래와 같이 표시하면 됩니다.

| 2/10 | 컴퓨터구입 | 댕굴전산 | 1,000,000 | 100,000 | 세계 |

간편장부 작성요령

번호	항목	내용
1	일자	거래일자 순으로 수입 및 비용을 기록합니다.
2	거래내용	판매, 구입 등 거래구분, 대금결제를 기록합니다. 1일 평균 매출건수가 50건 이상인 경우 1일 총매출금액을 합산하여 기록해도 됩니다. 매입과 관련한 비용은 건별로 모두 기록해야 합니다.
3	거래처	거래처 구분이 가능하도록 기록합니다.
4	수입	일반과세자는 매출액, 매출세액을 구분하여 금액, 부가세란에 기록합니다. 간이과세자는 부가가치세가 포함된 금액을 금액란에 기록합니다.

번호	항목	내용
5	비용	세금계산서를 받은 경우에는 세금계산서(신용카드)의 공급가액과 부가가치세를 구분하여 금액과 부가세란에 기록합니다. 영수증 매입분은 매입금액을 금액란에 기록합니다.
6	고정자산 증감(매매)	건물, 자동차, 컴퓨터 등 고정자산의 매입액과 부대비용을 기록합니다.
7	비고	거래증빙 유형과 재고액을 기록합니다.

간편장부를 기초로 종합소득세 신고를 하면, 추계에 따른 무기장가산세가 적용되지 않습니다.

간편장부 대상자가 복식부기로 신고를 하면 기장세액공제가 가능합니다.

13

홈택스에 신용카드를
반드시 등록해야 할까?

홈택스에 신용 및 체크카드를 등록하면 부가가치세, 종합소득세 신고 시 간단한 조회만을 통해 신고를 마칠 수 있는 장점이 있습니다. 많은 사장님이 잘못 알고 있는데, 사업자 카드는 카드사나 금융기관에서 따로 발급받는 것이 아닙니다. 대표자 명의의 모든 신용 및 체크카드를 홈택스 상에 등록을 하면 사업자 카드라고 칭합니다.

대표자 명의로 된 신용·체크카드를 최대 50장까지 등록할 수 있습니다. 사업자가 지출할 때 받은 증빙은 원칙적으로 5년 동안 보관해야 하나 사업자 카드의 경우에는 사용 내역이 국세청에 자동 보관되므로 이를 보관하지 않아도 됩니다. 대표자 명의의 신용카드를 홈택스에 미리 등록하면 사용내역이 자동으로 집계되어 부가가치세 신고 시 신용카드 매입전표를 일일이 입력할 필요

없이 편리하게 매입세액공제를 받을 수 있습니다.

등록방법

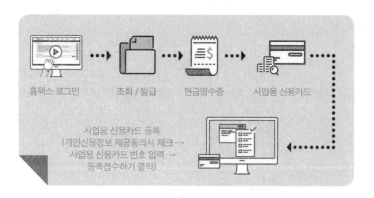

홈택스 로그인 ··· 조회 / 발급 ··· 현금영수증 ··· 사업용 신용카드

사업용 신용카드 등록
(개인신용정보 제공동의서 체크 →
사업용 신용카드 번호 입력 →
등록접수하기 클릭)

사업용 신용카드란 홈택스에 등록한 대표자 명의의 모든 신용 및 체크카드를 말합니다. 사업용 신용카드 사용 내역 중 사업과 관련이 없는 경우는 부가가치세 매입세액

▲ 국세청 홈택스 사업용 신용카드 등록 페이지

를 받을 수 없습니다. 그러므로 홈택스에 등록한 사업용 신용카드는 사업용으로만 사용해야 세금신고 시 편리합니다.

초보 사장님 : 카드사에서 사업자 카드를 추천을 받아 사용중입니다. 할인이 좋아서 식당이나 마트에서 가족외식, 집에서 먹을 거 등 장보는 데 사업자 카드로 개인적인 지출을 너무 많이 하면 안 되나요?

택스 코디 : 다시 한 번 얘기하지만 세법상 사업자 카드라는 것은 존재하지 않습니다. 은행이나 카드사에서 권하는 사업자 카드는 그들의 마케팅의 일환으로 생각하면 될 듯합니다. 대표자 명의의 모든 신용 및 체크카드는 사업에 관련한 지출을 하면 사업자 카드인 것입니다.

문제는 개인적인 지출은 부가가치세 매입세액공제를 받을 수 없다는 것입니다. 많은 분들이 홈택스에 사업자 카드를 등록하면 자동으로 매입세액공제를 받는 거라고 생각을 합니다. 그런데 부가가치세 매입세액공제는 사업주의 카드를 사업에 관련한 지출을 하였을 경우에만 매입세액공제가 가능합니다.

만약 개인적 용도로 사용한 부분은 매입세액공제 확인 / 변경 화면에서 공제여부결정을 불공제로 선택한 후 부가가치세 신고를 해야 합니다.

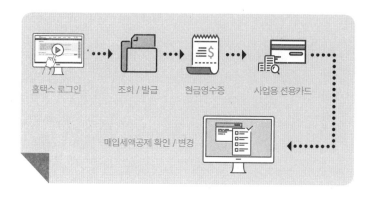

매입세액공제금액 확인은 매입세액공제금액 조회 화면에서 확인 가능합니다.

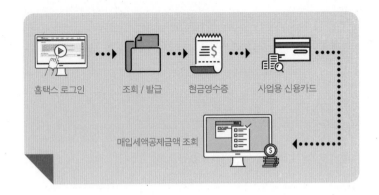

홈택스 로그인　　조회 / 발급　　현금영수증　　사업용 신용카드

매입세액공제금액 조회

14

매출이 커지면 무조건 법인사업자로 전환해야 하나?

 초보 사장님 : 매출이 커져서 법인 전환을 고려중입니다. 법인 전환 절차는 어떻게 되나요?

 택스 코디 : 개인사업을 법인으로 전환하는 절차를 간단히 정리하면 아래와 같습니다.

개인사업자의 법인 전환 절차

순서	절차	내용
1	법인 설립	설립등기
2	사업양수도 계약	주주총회 및 이사회의 결의, 양수도가액 결정

순서	절차	내용
3	법인설립신고/ 사업자등록 신청	설립등기한 날로부터 2월 이내 설립신고, 사업개시 일로부터 20일 내에 사업자등록 신청
4	개인기업의 회계 및 세금처리	개인기업 결산, 지체 없이 폐업신고, 전환일이 속 하는 달의 말일로부터 25일 내에 부가가치세 신고
5	명의이전 등 후속조치	부동산, 금융기관 예금 및 차입금 명의변경, 양도소 득세 신고, 취득세 신고 등

많은 사장님이 매출이 커지게 되면 단순히 종합소득세율보다 법인세율이 낮다는 이유만으로 법인 전환을 고려하는 것을 보게 됩니다.

음식점을 운영하는 최 사장님, 연 매출이 10억 원인데 법인전환을 고려합니다. 최 사장님이 법인으로 전환하는 순간 늘어나는 부가가치세를 계산해볼까요.

개인사업자와 법인사업자는 의제매입세액 공제율과 공제한도가 차이가 있습니다. 각각의 경우에 의제매입세액 공제금액을 계산해보겠습니다.

최 사장님이 개인사업자일 경우에 의제매입세액 공제한도는 과세표준의 45%이고 공제율은 8/108 입니다.

10억 원의 45%는 4억 5천만 원이므로 4억 5천만 원 × 8/108 = 33,333,333원

최 사장님이 법인사업자일 경우에 의제매입세액 공제한도는 과세표준의 35%이고 공제율은 6/106 입니다.

10억 원의 35%는 3억 5천만 원이므로 3억 5천만 원 × 6/106 = 19,811,320원

위 계산으로 알 수 있듯이 법인으로 전환하면 13,522,013원의 부가가치세가 늘어납니다. 그런데 이게 다가 아닙니다. 법인사업자는 신용카드매출세액공제도 받을 수가 없습니다. (개인사업자도 10억 원을 초과하면 신용카드매출세액공제를 받을 수가 없습니다.)

정리하면 단순히 법인세율이 낮다고 하여 법인 전환을 고려하는 것은 바람직하지 않습니다.

세금은 정해진 답이 있는 것이 아니라 상황에 따라서 답이 달라지는 일이 빈번합니다.

법인사업자로 전환을 생각해볼 필요가 있는 경우를 아래에 정리하였습니다. 여러 상황을 종합적으로 고려해볼때 판단이 가능한 것이기에 꼭 전환을 하라는 의미는 아닙니다.

- 성실신고확인대상자
- 기업승계를 염두에 두고 있는 사업주
- 종합소득세 부담이 큰 사업주
- 부동산 임대사업을 하고 있는 사업주
- 정부정책자금을 받고 싶은 사업주
- 자녀에게 사전 증여를 하고 싶은 사업주 등

15

복리후생비와 접대비 관리로
세금을 줄일 수 있다?

　세법이 바라보는 접대비는 사업업무와 관련하여 특정인(직원은 아님)에게 접대성 성격으로 지출한 비용입니다. 접대비는 사업업무와 관련해서 지출한 금액이더라도 불특정 다수에게 지출하는 광고 선전비와 성격이 다르고, 사업업무와 관련성 없는 특정인에게 지출하는 기부금과도 다릅니다. 직원에게 복리후생 목적으로 지출하는 복리후생비와도 성격이 다릅니다.

　예를 들면, 직원에게 경조사비로 지출한 경우는 복리후생비로 보지만, 거래처에 경조사비를 지출한 경우에는 접대비로 봅니다.

접대비와 복리후생비 , 기부금 , 광고 선전비의 차이

	접대비	복리후생비	기부금	광고선전비
사업연관성	○	○	×	○
한도	○	×	○	×
대상	특정인	임직원	특정인	불특정 다수

　1회 지출 접대비가 1만 원(경조사비는 20만 원)을 초과하는 경우에는 반드시 적격증빙을 수취해야 비용으로 인정받을 수 있습니다. 아래의 경우에는 적격증빙을 수취하지 않아도 접대비로 인정받을 수 있습니다.

※ 현금 이외의 다른 지출수단이 없는 국외지역 지출 접대비,

※ 농어민으로부터 직접 접대용 재화를 구입한 경우(금융기관을 통해 지급해야 함)

　복리후생비란 직원의 복리후생을 위하여 지출하는 비용으로 근로 의욕을 고취하고, 생산성을 높이며 직원의 육체적 · 정신적 · 경제적 지위의 향상과 근로환경 개선 등에 목적이 있습니다. 복리후생비로 회계처리를 할 때 세금상 인건비에 해당하는 경우가 있으므로 구분이 중요합니다. 그에 따른 증빙도 달라집니다.

인건비에 해당하는 경우에는 원천징수를 하고 원천징수영수증을 보관해야 합니다. 그 외의 경우에는 자체적으로 지급품위서와 전표를 작성하여 보관하면 됩니다. 그리고 지출 비용이 3만 원을 초과하는 경우에는 적격증빙을 수취해야 합니다.

초보 사장님 : 직원의 의료비를 지원한 경우, 어떻게 처리해야 하나요?

택스 코디 : 직원의 의료비 지원금은 복리후생비로 처리하고, 그 비용은 직원의 근로소득에 합산하여 원천징수를 해야 합니다.

초보 사장님 : 회사 내 동호회에 지원한 비용은 어떻게 처리해야 하나요?

택스 코디 : 복리후생비로 처리가 가능하며, 동호회에서 사용하였다는 관련 증빙을 보관해야 합니다.

직원에게 지원하는 교육비의 경우에도 복리후생비로 볼 수가 있으며 근로소득에 합산하여 원천징수를 해야 합니다. 세법상 비과세 소득으로 보는 학자금에는 교육법에 의한 학교 및 근로자직원훈련촉진법에 의한 직원능력개발 훈련시설의 입학금, 수업료 등을 의미합니다. 예를 들어 직원의 대학원 등록금을 지원한 경우에는 복리후생비로 처리하고, 근로소득으로 보지 않기에 원천징수를 하지 않아도 됩니다. 직원의 경조사비 또한 복리후생비로 처리하며, 관련된 청접장 등의 자료를 첨부해 보관하면 됩니다.

16

폐업했는데도 세금신고를 해야 하나?

사업을 하다 폐업을 한 경우에 관할 세무서에 해야 할 세금신고는 아래와 같습니다.

폐업 신고

사업을 폐업한 때에 지체 없이 해야 합니다. 폐업한 과세기간에 대한 부가가치세 신고를 하기 위해서는 폐업 신고가 선행되어야 하기 때문에, 실무적으로 폐업 신고는 늦어도 그 폐업일이 속하는 달의 다음 달 25일까지 해야 합니다.

▲ 휴폐업 신고서

부가가치세 신고

폐업 신고일이 속한 달의 다음 달 25일까지 해야 합니다. 폐업 기간에 대한 부가가치세 확정신고가 됩니다.

종합소득세 신고

과세 기간의 다음 연도 5월 중에 해야 합니다. 개인의 경우에는 1년간의 종합소득세 신고를 해야 하는데, 폐업을 해도 그 과세연도에 다른 소득이 발생할 수 있기 때문에 소득세 신고는 그 다음 해 5월에 하면 됩니다.

법인세 신고

각 사업연도의 종료일이 속하는 달의 말일부터 3개월 이내에 해야 합니다. 법인의 경우에는 폐업을 하면 사업이 완전히 종결되기 때문에 폐업일을 사업연도 종료일로 보고, 원칙적으로 그날로부터 3개월 이내에 법인세 신고를 하면 됩니다.

면허 또는 허가증이 있는 사업

면허를 발급 받은 기관에 폐업 신고를 해야 면허세가 부과되지 않습니다. 폐업 신고 후 폐업증명을 발급받아 국민연금관리공단, 건강보험공단에 제출해서 보험료를 조정하는 것도 필수입니다.

사업을 완전히 정리하지 않고 여러 가지 사정으로 일정 기간

사업을 운영하기 힘들 때는 폐업보다 휴업을 하는 것이 나을 수도 있습니다. 휴업은 사업자등록이 말소되는 것이 아니기에 휴업기간 동안만 일시적으로 정지했다가 휴업기간이 끝난 후에 사업재개 신고를 하면 다시 종전과 같이 사업을 할 수 있게 됩니다.

휴업기간 중에 발생한 기본 경비(전력비나 난방비 등)는 비록 휴업 중이라도 매입세금계산서를 교부받아 부가가치세 신고를 하면 매입세액공제가 가능합니다. 최초 신고한 휴업기간이 경과하지 않았더라도 사업을 재개하거나 세금계산서를 발행해야 할 경우가 발생하면, 관할 세무서에 사업재개 신고만 하면 바로 사업을 계속할 수 있습니다.

재무제표를 볼 때 필수 체크 사항

복식부기 의무자는 종합소득세 신고 시 재무제표를 제출해야 합니다. 그런데 회계상식이 없다보니 장부를 기장할 엄두가 나지 않습니다. 초등학교 시절을 한번 떠올려 볼까요? 우리가 국어 과목을 처음 배울 때 읽기를 먼저 배웠습니다. 그리고 쓰기를 배웠지요. 마찬가지입니다. 재무제표 역시 읽기부터 배워야 합니다.

세금대리인을 고용 중이라도 1년 단위의 재무제표를 종합소득세 신고 전 확인할 정도의 지식은 있어야 합니다. 만약 잘못된 점이 있다면 신고를 하기 전에 이유를 찾아서 수정해야 합니다. 단순히 맡긴다고 절세가 되는 것이 아닙니다. 절세는 알고 부릴 때 가능한 것입니다.

투자를 생각하고 있다면 재무제표를 잘 읽기 위해 꼭 체크해야 할 사항에 대해 설명하겠습니다.

※ 회사의 주인(대주주)이 누구인지 지분율은 얼마인가를 확인해봐야 합니다.

※ 재무상태표에서는 자산총계와 부채비율을 확인해야 합니다.

※ 매출액 중 특수관계자 거래 비중이 높다면 주의해야 합니다.

※ 법적 다툼이 벌어지고 있다면 소송가액이 얼마인가 확인은 필수입니다.

※ 손익계산서에는 매출액, 영업이익, 당기순이익은 최소 3년 이상을 살펴봐야 합니다.

※ 숫자보다는 변화의 추이를 잘 봐야 합니다.

개인사업자라면 세무대리인이 작성한 재무제표를 받아서 소득세 신고를 하기 전에 증빙의 누락은 없는지, 실수한 부분은 없는가를 살펴보아야 합니다. 결산한 재무제표를 통해서 경영은 제대로 하고 있는지, 이익을 더 창출할 방법은 없는가도 따져 보아야 합니다.

'전문가가 알아서 해주겠지'라는 발상은 위험한 생각입니다. 그들도 전문가이기 이전에 사람입니다. 사람은 누구나 실수를 할 수 기 있고 사장님이 세금, 회계지식이 없다면 실수를 발견할 수가 없습니다. 그런 실수들은 고스란히 사장님이 추가로 납부해야 할 세금이 되어 돌아옵니다

재무제표는 보고서입니다. 소통의 도구일 뿐입니다. 낯선 용어, 어지러운 숫자들의 조합으로 어려워 보일 뿐입니다. 그런데 낯선 용어들의 반복이 보입니다. 재무제표를 유심히 보면 계정과목의 앞뒤로 자주 나오는 단어들이 보입니다. 이 단어의 뜻만 알아도

기업재무제표

▲ 재무제표 샘플

재무제표를 읽기가 훨씬 수월해 집니다.

유동과 비유동이란 단어는 1년이라는 기준으로 나뉩니다. 1년 안에 돈이 들어오면 (혹은 갚아야 하면) 유동, 1년 이상 걸리면 비유동이란 단어가 붙습니다. 이를 이해하면 유동자산은 1년 안에 팔 수 있는 자산이란 말이고, 비유동자산은 최소 1년이 지나야 팔 수 있는 자산을 의미합니다. 유동부채는 1년 안에 갚아야 할 빚이고, 비유동부채는 1년이 지난 후에 갚아도 되는 부채를 의미합니다. 이렇게 유동과 비유동의 뜻만 알아도 쉽게 의미를 유추할 수 있습니다.

충당이라는 단어도 많이 나옵니다. 충당은 '모자란 것을 채워 놓는다'로 이해를 하면 됩니다. 대손충당금을 풀이해보면 떼일 것으로 예상되는 외상 대금을 미리 채워 놓은 금액을 의미합니다.

이연이라는 단어는 '내년으로 시기를 미룬다'로 이해를 하세요. 그러므로 이연부채는 내년으로 넘어가는 빚이라는 의미입니다.

이밖에도 당기는 '이번 기에', 미지급은 '아직 주지 않은', 미수는 '아직 받지 않은', 선수는 '미리 받은', 상각은 '보상하여 갚는', 손상은 '가치가 낮아진다'를 의미합니다. 자주 쓰는 회계 단어를 이해하고 띄어쓰기로 계정과목을 읽으면 쉽게 이해가 될 수 있습니다.

18

회사경비는 무조건 증빙자료를 가지고 있어야 한다?

　창업을 처음 한 초보 사장님들의 대부분은 돈을 버는 것에만 신경 쓰고, 벌기 위해 지출한 돈에 관한 증빙을 챙기는 것에는 관심이 없습니다. 아르바이트를 고용하여 인건비를 지출하고도 직원등록을 하지 않아 비용으로 인정이 되지 않고, 권리금을 수천만 원 지불했음에도 감가상각하여 비용처리가 되는지를 모릅니다. 그렇게 아무 생각 없이 사용하고 증빙되지 않은 비용은 고스란히 세금으로 돌아옵니다. 이 책을 읽으면서 아차 하는 사장님들이 있으리라 생각됩니다.

　적격증빙(세금계산서, 신용카드 영수증, 현금영수증 등)을 챙겨놓으면, 부가가치세 매입세액공제도 가능하고 종합소득세 필요경비 처리도 가능합니다. 그런데 부득이한 사정으로 적격증빙을 수취하지 못하였다면 소명용증빙이라도 꼭 챙겨 놓아야 종합소득세 필요경비 처리라도 할 수 있습니다. 단, 소명용증빙으로 경비를 처리하면 증빙불비가산세는 부과됩니다.

 초보 사장님 : 건물주가 간이과세사업자라 세금계산서를 발급 받을 수 없습니다. 부가세 매입세액공제는 불가능하다는 것은 알고 있습니다. 종합소득세 필요경비 처리를 하기 위해선 소명용증빙을 어떻게 구비해야 하나요?

 택스 코디 : 임대차계약서와 건물주 명의의 계좌이체 내역이 있으면 필요경비 처리는 가능합니다.

 초보 사장님 : 아르바이트 직원을 고용하고 원천세 신고를 안 했습니다. 이럴 경우 경비 처리를 하기 위해선 어떤 증빙이 필요하나요?

 택스 코디 : 근로계약서, 입금내역 등을 구비하면 경비 처리가 가능합니다.

 초보 사장님 : 권리금을 지급하고 세금계산서는 발급 받지 않았습니다. 이럴 경우에는 어떤 증빙이 필요하나요?

 택스 코디 : 인수약정서 (포괄양도계약서), 입금내역 등이 있으면 5년간 감가상각으로 비용 처리가 가능합니다.

▲ 포괄양도양수 계약서 샘플

초보 사장님 : 인테리어를 하고 세금계산서를 받지 못했습니다. 이런 경우에는 어떤 증빙이 필요하나요?

 택스 코디 : 견적서, 입금내역 등으로 감가상각하여 비용처리가 가능합니다.

19

세금계산서 발행 후 반품이 들어왔습니다. 어떻게 해야 하나요?

 초보 사장님 : 1억 원인 기계 구입을 위해, 1,000만 원의 계약금을 지불하였습니다. 세금계산서는 언제 받을 수 있나요?

 택스 코디 : 계약을 체결하면서 계약금 1,000만 원을 주었더라도 부가가치세법 상 원칙적인 세금계산서 공급 시기는 그 기계를 인도한 날이 됩니다. 그러므로 기계를 인도 받은 날을 기준으로 1억 원 전체에 대한 세금계산서를 받으면 됩니다.

세금계산서 발급 기준이 되는 공급 시기는 아래와 같습니다.

세법에서는 '재화의 공급 시기를 원칙적으로 재화의 이동이 필요한 경우에는 그 재화가 인도되는 때이고, 재화의 이동이 필요하지 않은 경우에는 그 재화가 이용 가능하게 되는 때이며, 이러한 기준을 적용할 수 없는 경우에는 그 재화의 공급이 확정되는 때로 한다고 명시되어 있습니다.

초보 사장님 : 물건을 지급하고 대금 결제를 받지 못하였습니다. 세금계산서를 발행해야 하나요?

 택스 코디 : 대금 결제와 상관없이 물건을 인도한 날을 기준으로 세금계산서를 발급해야 합니다.

법인사업자 및 직전연도 공급가액의 합계가 3억 원 이상인 개인사업자는 전자세금계산서 의무 발행 대상입니다. 가끔 실수로 잘못 발행하는 경우가 있습니다. 흔히 발생할 수 있는 수정 사유를 최근 상담한 사례를 들어 설명하겠습니다.

 초보 사장님 : 전자세금계산서를 발행한 후에 반품이 들어왔습니다. 이럴 땐 어떻게 하나요?

 택스 코디 : 반품이 일어났을 경우에는 재화가 반품이 일어난 날을 작성일자로 기재하고, 반품된 재화의 금액을 −(마이너스) 표시를 하여 기재합니다. 비고란에 당초 세금계산서 작성일자를 덧붙여 적으면 됩니다.

 초보 사장님 : 상품을 공급하기로 계약하고 대금을 미리 지급받고 전자세금계산서를 발행하였습니다. 그런데 계약이 해제가 되었는데 어떻게 하나요?

 택스 코디 : 계약이 해제된 날을 작성일자로 기재하고, 계약금액을 −(마이너스) 표시를 하여 기재합니다. 비고란에 당초 세금계산서 작성일자를 적으면 됩니다.

20

3만 원 이상 경비 지출에는 간이영수증을 여러 개 받아야 하나?

3만 원 이상의 비용(접대비는 1만 원)에 대해서는 세법에서 인정하는 적격증빙을 수취해야 비용으로 인정이 됩니다. 적격증빙을 수취하지 못하고 소명용증빙만 갖추어도 비용으로 인정을 받을 수는 있으나 증빙불비가산세 2%를 부담해야 합니다. 그리고 영수증수취명세서라는 서식을 작성해서 종합소득세 신고 시 제출해야 합니다. 만약 서식을 제출하지 않으면 1%의 가산세가 부과됩니다. 이는 개인사업자에게만 해당되며 법인의 경우에는 제출 의무가 없습니다.

종합소득세의 필요경비 처리는 부가가치세와 달리 적격증빙이 아니어도 처리가 가능합니다. 단 3만 원 이상을 처리할 경우(접대비는 1만 원)에는 증빙불비가산세를 2% 추가 납부해야 합니다.

초기자본이 부족하여 인테리어를 하고 세금계산서를 안 받았을 경우 어떤 문제가 발생할까요?

이 인테리어 비용을 세법상의 비용으로 인정받기 위해서는 세금계산서, 신용카드, 현금영수증등의 증빙(적격증빙)이 있어야 합니다. 만약 세금계산서를 받지 않았다면 세법에 따라 2%의 증빙불비가산세를 납

▲ 간이영수증

부하면 경비 처리가 가능합니다. 이때에도 계약서, 거래이체내역 등의 소명용증빙은 있어야 합니다. 소명용증빙은 말 그대로 소명 요청이 들어왔을 때 사실을 입증할 수 있는 증빙이므로 증빙이 많으면 많을수록 도움이 됩니다.

초보 사장님 : 증빙불비가산세를 납부하지 않아도 되는 경우가 있나요?

택스 코디 : 아래와 같습니다.

- **해당 과세기간에 신규로 사업을 개시한 자**
- **직전 과세기간의 사업소득 수입금액이 4,800만 원에 미달하는 경우**

이럴 때는 증빙불비가산세를 부담하지 않아도 됩니다. 이런 경우에도 사업의 지출임을 증명하는 소명용증빙은 가지고 있어야 합니다.

기부금도 세액공제가 된다는데, 얼마까지 되나?

종합소득세 신고 시 사장님들의 관심사는 어떻게 하면 세금을 줄일 수 있는가 입니다. 세금을 줄이기 위해선 벌기 위해 쓴 돈, 즉 필요경비 처리가 많아야 합니다. 필요경비는 사업과 직접적인 관련이 있어야 처리가 가능하나 그렇지 않음에도 처리가 가능한 항목이 있는데 바로 기부금입니다.

기부금이란 타인에게 사업과 직접 관계없이 무상으로 지출하는 재산적 증여의 가액을 말합니다. 무상적 지출이라는 점에서 접대비와 비슷하게 보이나 사업과 직접 관련이 없다는 점에서 차이를 보입니다.

기부금은 근로자와 사업자가 처리하는 방법이 다릅니다. 근로자부터 살펴볼까요.

근로자가 국가에 기부한 경우에는 기부금 전액을, 종교단체나 불우이웃 돕기 등에 기부한 경우에는 종합소득금액(근로소득만 있는 경우에는 근로소득금액)의 30% (종교단체는 10%)을 한도로 15% (1천만 원 초과분은 30%) 상당액을 세액공제합니다.

예를 들어 종교단체에 기부한 금액이 300만 원이고, 근로소득에서 근로소득공제를 차감한 근로소득금액이 2천만 원이라면 이 금액의 10%인 200만 원이 한도에 해당합니다. 그러므로 이 금액에 15%를 곱한 30만 원이 세액공제액이 됩니다.

실무적으로 종교단체에 기부해 공제받는 경우가 많은데 이때 실제 기부한 금액보다 적게 공제받는 일이 많습니다. 이는 종교단체가 비영리 단체이고 아직 우리나라 국민정서로는 기부금액을 검증할 수 있는 여건이 갖춰져 있지 않은 데 그 이유가 있습니다.

기부금에도 이월공제가 허용됩니다. 당해 연도에 공제한도를 초과한 종교단체 기부금은 10년(2019년은 이전 신고분은 5년) 간 이월해 공제를 받을 수 있습니다.

2011년부터는 기부문화 활성화를 위해 사업자 본인이 지출한 기부금뿐만 아니라 연간 소득금액의 합계액이 100만 원 이하(총급여액 500만 원 이하의 근로소득만 있는 경우 포함)인 배우자(나이제한을 받지 않으며 다른 거주자의 기본공제를 적용받는 자는 제외) 및 연간 소득금액 합계액이 100만 원 이하인 부양가족이 지급한 법정기부금과 지정기부금도 해당 사업자의 법정기부금 및 지정기부금에 포함이 됩니다.

초보 사장님 : 법정기부금, 지정기부금이 무엇인가요?

 택스 코디 : 필요경비 처리가 가능한 기부금은 크게 네 가지로 구분이 됩니다. 아래와 같습니다.

기부금의 종류와 내용

기부금명	기부금 내용
정치자금	사업자인 거주자가 정치자금법에 따라 정당, 후원회, 선거관리위원회에 기부한 정치자금 중 10만 원을 초과하는 금액 (10만 원 이내의 기부금액의 경우 100/110을 세액공제)
법정	국가 또는 지방자치단체에 기부한 금품, 국방헌금과 위문금품, 천재지변 또는 특별재난구역 이재민 구호금품 가액, 자원봉사 용역가액, 사입학교 (시설비, 교육비, 장학금, 연구비) 등에 기부한 금품
우리사주조합	우리사주조합에 지출하는 기부금 (우리사주조합원이 지출하는 기부금은 제외)
지정	법인세법 시행령 제 36조 제1항 각호의 기부금

기타 기부금

항목	내용
회비	근로자 또는 교원의 노동조합비, 교원단체 회비, 공무원노동조합 또는 공무원직장협의회에 가입한자가 납부한 회비
공익법인 기부신탁	공익법인신탁 위탁자의 신탁재산이 위탁자의 사망 또는 신탁계약기간의 종료로 인하여 상속세 및 증여세법 제16조 제1항에 따른 공익법인 등에 기부될 것을 조건으로 거주자가 설정한 신탁으로서 법정요건을 모두 갖춘 신탁에 신탁한 금액
비영리 민간단체	사회복지법인, 학술연구단체, 종교단체 등 지원법에 따른 등록된 단체 중 행정안전부장관의 추천을 받아 기획재정부장관이 지정한 기부금대상 민간단체에 지출하는 기부금 : 국세청 홈택스→공익법인공시→기부금단체 간편조회에서 확인 가능

가령 기부금이 100만 원이고 기부금을 경비처리한 소득금액이 1천만 원이라고 가정하면, 기준 소득금액은 1천만 원 + 100만 원 = 1천 1백만 원이 됩니다.

법정기부금은 1천 1백만 원의 100%를 한도로, 지정기부금은 1천 1백만 원의 30%를 한도로, 종교단체기부금은 1천 1백만 원의 10%를 한도로 기부금 경비 처리를 인정해줍니다.

 초보 사장님 : 한도를 초과한 기부금은 어떻게 되나요?

택스 코디 : 한도 초과액 기부금은 10년 동안 이월공제가 가능합니다. 단 정치자금기부금과 우리사주조합 기부금은 이월공제가 허용되지 않습니다.

초보 사장님 : 기부금 관련 증빙은 어떻게 하나요?

택스 코디 : 기부금을 지급하는 단체의 경우 비영리법인 등이 많으므로 정규증빙이 없어도 종합소득세 신고 시 한도 만큼 비용처리가 가능합니다. 기부한 곳에 문의하여 기부금 영수증을 수취하여 장부상에 비용으로 기재해야 합니다. 기부금을 공제받기 위해서는 장부작성이 필수 입니다.

▲ 기부금 영수증 샘플

거래처 명절 선물로 산 백화점 상품권도
세금 처리가 가능하나?

 초보 사장님 : 이번 명절 거래처에 상품권을 선물하고자 합니다. 증빙은 어떻게 챙겨야 세금 처리가 가능할까요?

 택스 코디 : 상품권은 재화나 용역의 제공이 아니기 때문에 일반적으로 세금계산서나 현금영수증 발행 대상 거래가 아닙니다. 때문에 현금을 주고 상품권을 구입하는 것이 일반적입니다.

그런데 현금을 주고 1만 원 이상을 구입 할 경우, 적격증빙을 수취하지 못하면 접대비로 전부 경비 인정받을 수 없습니다.

이럴 때는 법인신용카드, 개인사업자 명의의 사업자 신용카드로 상품권을 구입하게 되면 적격증빙을 수취한 것으로 보아 접대비로 인정받을 수 있습니다. 상품권 판매처에서 카드 구매를 거부하는 곳도 있으니 사전에 확인 전화는 필수입니다.

접대비란 사업상의 이유로 거래처 등에 선물이나 식대 등을 지출하는 비용을 말합니다.

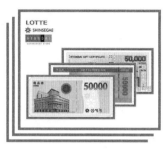

▲ 백화점 상품권

접대비는 소비 향락적인 지출로 보기에 세법에서는 일정 사용 한도를 두고 있고, 한도를 초과하는 경우에는 비용 처리가 불가합니다. 또한 부가가치세 매입세액공제도 받을 수 없습니다.

초보 사장님 : 의류 제조업을 운영하고 있습니다. 거래처에 자체 생산한 의류를 선물하고자 합니다. 세금 처리는 어떻게 해야 하나요?

택스 코디 : 예를 들어 당사의 제품(원가 : 10만 원, 판매가 : 20만 원)을 거래처에 선물을 하였다고 가정하면, 종합소득세 신고 시 접대비라는 계정으로 12만 원(원가 10만 원 + 부가가치세 2만 원)을 비용 처리가 가능합니다.

세법에서는 무상으로 증정을 하였다 하더라도 제품을 팔았을 때와 같이 해당 제품에 대한 처분 이익만큼 부가가치세를 내도록 합니다.

23

폐업자나 취업 관련
세금 멘토링 제도가 있나?

2020년에는 코로나19 확산으로 안타깝게도 폐업을 하는 경우가 발생합니다. 국세청에서는 폐업자를 위해 폐업자 멘토링 서비스를 운영하고 있습니다. 폐업자 멘토링 서비스란 2013년 8월부터 경기불황 등으로 폐업하는 영세 자영업자의 세무문제를 지원하는 맞춤형 무료 세무 서비스입니다.

※ **지원대상**
멘토링을 신청하는 개인사업자(법인 및 세무대리인이 선임된 사업자는 제외)

※ **지원내용**
폐업 후 세금신고할 사항, 폐업신고 시 유의사항, 사업자가 반드시 알아 두어야 하는 세금제도(체납. 과세자료 소명자료 제출안내 및 권리구제방법)

※ 지원기간

멘토 지정일로 부터 다음 연도 종합소득세 확정신고까지(최장 1년 5개월)

※ 신청방법

관할 세무서 전화 또는 홈텍스 홈페이지에서 신청가능

폐업자 멘토링 서비스 등 영세납세자 지원단에 대한 자세한 내용은 국세청 홈페이지(국세정보 → 납세자권익보호 → 영세 납세자 지원단)에서 확인이 가능합니다. 예외 업종은 아래와 같습니다.

> 부동산 임대업, 성인오락실, 사금융(대금업, 전당포업, 상품권매매업), 호텔업 및 여관업, 주점업(일반유흥주점, 무도유흥주점, 단란주점), 무도장, 도박장 운영업, 안마업(안마시술소등), 금지금 제조판매업, 석유류 판매업, 고소득 전문직종(변호사, 법무사, 변리사, 도선사 등 자격사, 병의원

조세범칙, 자료상, 신용카드 위장가맹점, 국선대리인을 통한 불복청구, 사해행위 등 기타 부정행위로 의심되는 체납자에 대한 체납처분 등과 관련된 사항도 지원대상에서 제외됩니다. 영세납세자 지원단은 종합소득세, 부가가치세, 법인세, 원천세와 관련된 세무자문 서비스 제공되며, 그 외의 세금(자산소득적 성격이 있는 재산제세 관련)은 지원대상이 아닙니다.

희망리턴 패키지란 중소벤처기업부 소상공인진흥공단이 운영

하는 프로그램으로, 경영상의 어려움으로 폐업 후 취업을 희망하거나 준비하는 소상공인에게 폐업에서 취업에 이르기까지의 전 과정을 지원하는 제도입니다. 구체적으로 폐업 단계부터 재기교육, 전직 장려수당, 취업성공패키지 등 전 과정 지원이 이뤄집니다.

자금 때문에 어려움을 겪고 있는 폐업 자영업자에게 도움이 됩니다. 사업정리 컨설팅을 통해 다양한 노하우와 정보, 그리고 점포철거 및 원상복구 비용을 지원받고, 법률자문도 가능합니다. 조건에 부합하면 단순히 교육만 받고도 여러 가지 수당을 받을 수 있고, 취업을 원할 경우 추천서 발급도 가능합니다. 사업정리 후 취업을 생각하고 있다면 재기교육을 받아보는 것을 추천합니다.

폐업 지원

※ 사업정리 컨설팅

폐업 예정 소상공인을 대상으로 하는 것으로, 사업정리 과정에서 필요한 상담 및 지도(컨설팅)를 제공해 소상공인의 안정적 폐업을 지원하는 것이다. 1개 업체당 최대 3개 분야(일반, 세무, 부동산)가 지원되며 대상자의 부담비는 무료입니다.

지원대상은 취업 또는 재창업 의사가 있는 폐업 예정 또는 이미 폐업한 소상공인으로, 신청일 기준 사업운영기간이 60일 이상인 경우입니다. 다만 이미 폐업한 소상공인의 경우 세무 분야만 지원하며, 부동산 임대사업자 · 비영리 사업자 및 법인(고유번호증 소지자)은 지원 대상에서 제외됩니다.

※ 점포 철거 지원

점포 철거 · 원상복구 관련 상담 · 지도(컨설팅)와 실행비용 지원을 통해 소상공인의 폐업 부담을 완화시키는 제도입니다. 집기·설비 관리, 철거·원상복구에 대한 컨설팅 및 철거·원상복구비용 지원(1개 업체당 200만 원) 등이 이뤄집니다. 대상은 취업 또는 재창업 의사가 있는 폐업 예정 소상공인으로 신청일 기준 사업운영기간이 60일 이상인 경우입니다. 다만, 지원 신청일 기준 이미 폐업한 경우, 부동산 임대사업자 또는 비영리사업자 및 법인, 지원 신청일 이전 철거·원상 복구를 완료한 경우, 임대차계약서를 통해 임차 점포주 확인이 불가한 경우(점포 소유주는 지원 대상에서 제외)에는 지원 대상에서 제외됩니다.

취업 지원

※ 재기교육

폐업 예정 또는 이미 폐업한 소상공인의 재기를 위해 취업 기본교육을 실시하는 것입니다. 대상은 취업의사가 있는 만 69세 이하의 폐업 예정 또는 이미 폐업한 소상공인으로 신청일 기준 사업운영기간이 60일 이상인 경우입니다. 다만 이미 폐업한 소상공인은 폐업일이 시행년도 기준 5년 이내인 경우에만 지원(2014년 1월 1일 이후 폐업자 지원 가능)하며, 부동산 임대사업자·비영리 사업자 및 법인(고유번호증 소지자)은 지원 대상에서 제외됩니다.

※ 전직 장려수당 지원

소상공인의 폐업충격 완화와 임금근로자로의 전환을 촉진하기 위해 이뤄지는 제도입니다. 사업정리 상담·지도(컨설팅) 또는 재기교육 수료, 폐업신고와 취업활동을 하는 자로서 고용노동부의 취업성공 패키지 1단계 이상(또는 재기힐링캠프) 수료한 경우(1차, 40%) 또는 자구노력으로 취업한 경우(2차, 60%)가 그 대상입니다.

※ 취업성공 패키지 추천

고용노동부 취업성공 패키지와 연계해 폐업 소상공인을 대상으로 종합 취업을 지원하는 제도입니다. 취업성공 패키지 추천서는 사업정리 컨설팅 또는 재기교육 수료하고 신청일 기준 만 18세 이상 ~ 만 69세 이하이며 폐업일 기준 1년간 연매출액 1.5억 원 미만이어야 하고 부동산 임대사업자·비영리 법인이 아닌 경우의 요건에 모두 해당해야 합니다.

국민들의 세금으로 운영되고 개별적으로 지급되는 비용이 제법 되기 때문에 상당히 까다롭게 점검을 합니다. 사업정리 컨설팅, 재기교육 신청일 이전에 취업을 하거나 가족사업장에 취업하는 경우에는 지원되지 않습니다. 폐업 후 재창업 또는 업종 전환을 한 경우, 취업한 업체에서 일정기간 이상 근무하지 못한 경우, 5년 이내 직전 취업업체에 재취업 한 경우, 고용보험이 근로내역확인서로 신고되는 일용근로자 역시 지원되지 않습니다.

Chapter 4

부동산 보유자라면
반드시 알아야 할 세금상식

취득세와 등록세 대체 왜 나누는 건가?

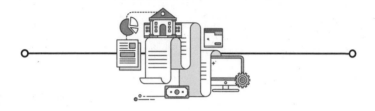

집을 사면 반드시 내야 하는 세금이 바로 취득세입니다. 주택의 취득이란 매매, 교환, 상속, 증여, 건축 등의 방법으로 유·무상으로 취득하는 것을 말합니다. 취득 시 아래와 같은 세금이 과세됩니다.

구분	국세	지방세제	
		지방세	관련 부가세
취득 시	인지세(계약서 작성 시) 상속세(상속받은 경우) 증여세(증여받은 경우)	취득세	농어촌특별세(국세) 지방교육세
보유 시	종합부동산세(일정 금액 초과 시) 농어촌특별세(종합부동산세 관련 부가세)	재산세	지방교육세 지역자원시설세

인지세

집주인의 이름을 자신의 이름으로 바꾸려면 인지세를 납부해야 합니다. 부동산의 취득과 관련하여 매매계약서(분양권 매매계약서 포함) 등 증서를 작성하는 경우, 정부 수입인지를 증서에 첨부하고, 증서의 지면과 인지에 걸쳐 작성자의 인감 또는 서명으로 소인해야 합니다. 주택의 경우 매매계약서 상 기재금액이 1억 원 이하일 때는 인지세가 비과세됩니다.

인터넷 상 전자수입인지 납부 서비스에 접속하여 종이문서용과 전자문서용을 선택하여 전자수입인지를 구매와 소인할 수 있습니다. 우표 형태의 종이수입인지를 첨부, 소인하는 방식은 폐지되었습니다.

상속세 및 증여세

부동산을 상속받거나 증여받은 경우에는 별도로 상속세 또는 증여세를 납부해야 합니다.

취득세

새로운 집을 취득한 날로부터 60일(상속 6개월) 이내에 해당 시·군·구에 신고, 납부해야 합니다. 기한을 넘기면 신고(20%) 및 납부(1일 경과 시 25/100,000) 불성실 가산세가 부과됩니다. 지방교육세와 농어촌특별세는 취득세를 납부할 때 같이 납부해야 합니다.

취득세율은 주택 매매가격이 6억 원 이하인 경우에는 1%, 6억 원 ~ 9억 원 이하인 경우에는 2%, 9억 원을 초과하는 경우에는 3%가 적용됩니다.

아파트 및 주택 취득세율 기준표

구분		취득세	농어촌특별세	지방교육세	합계세율
6억 이하 주택	85 ㎡ 이하	1%	비과세	0.1%	1.1%
	85 ㎡ 초과	1%	0.2%	0.1%	1.3%
6억 초과 9억 이하 주택	85 ㎡ 이하	2%	비과세	0.2%	2.2%
	85 ㎡ 초과	2%	0.2%	0.2%	2.4%
9억 초과 주택	85 ㎡ 이하	3%	비과세	0.3%	3.3%
	85 ㎡ 초과	3%	0.2%	0.3%	3.5%
주택 외 매매 (토지, 건물 등)		4%	0.2%	0.4%	4.6%
원시 취득, 상속 (농지 외)		2.8%	0.2%	0.16%	3.16%
무상 취득 (증여)		3.5%	0.2%	0.3%	4%
농지	매매 신규	3%	0.2%	0.2%	3.4%
	매매 년 이상 자경	1.5%	비과세	0.1%	1.6%
	상속	2.3%	0.2%	0.06%	2.56%

※ 2013. 8. 28 이후 최초로 취득하는 분부터 적용
농어촌특별세 및 지방교육세는 요건에 따라 적용세율이 달라짐

2020년 12월 31일까지 생애 최초로 $60m^2$ 이하, 3억 원 이하 (수도권은 4억 원 이하)의 주택을 구입하는 신혼부부는 취득세를 50% 감면받을 수 있습니다.

세알못 : 신혼부부의 기준이 정해져 있나요?

택스 코디 : 신혼의 기준은 만 20세 이상으로 혼인신고 후 5년 이내를 말하며 소득이 맞벌이는 연 7천만 원, 외벌이는 연 5천만 원 이하여야 합니다.

세알못 : 상가를 사면 취득세는 얼마나 내야 하나요?

택스 코디 : 상가 취득세율은 4.6%입니다.
만약, 6억 원짜리 상가를 구입했다면 취득세는 2,760만 원 (6억 원 × 4.6%)입니다.

상가 취득세도 주택과 마찬가지로 잔금을 치른 날이나 등기를 한 날 중 빠른 날로부터 60일 이내에 납부해야 합니다. 참고로 일반 상가는 취득세율이 4.6%이지만 유흥업소와 같은 위락시설은 최고 13.4%까지 중과됩니다. 매입시점에는 해당되지 않더라도 5년 이내 위락시설로 바뀔 경우 소급해서 중과세가 적용됩니다.

2020년 8월 12일 이후 취득분부터 다주택자 · 법인주택 취득세가 강화되었습니다. 조정대상지역 내 2주택, 조정대상지역 외 3주택 취득 시 8%, 조정대상지역 내 3주택, 조정대상지역 외 4주택 이상 시 12%로 인상되었습니다.

다만, 조정대상지역내 2주택의 경우 이사 등의 사유로 일시적 2주택이 되는 경우에는 1주택으로 과세합니다. 3년 이내 종전주택 미처분 시에는 차액이 추징됩니다. 신규주택과 종전주택이 모두 조정대상지역인 경우 1년 이내로 한정합니다. 개인을 제외한 단체는 법인으로 보아 중과세율이 적용됩니다.

구분	1주택	2주택	3주택	법인 · 4주택~
조정대상지역	1~3%	8% (일시적 2주택 제외)	12%	12%
조정대상지역 외	1~3%	1~3%	8%	12%

1주택 소유자가 조정대상지역 외 주택 취득 시 세율 : 1~3%

1주택 소유자가 조정대상지역 주택 취득 시 세율 : 8%

2주택 소유자가 조정대상지역 외 주택 취득 시 세율 : 8%

 세알못 : 조정대상지역에 1주택을 소유하고 있는 상황에서 비조정대상지역에 3억 원 아파트를 추가로 취득하는 경우 세율은 어떻게 되나요?

 택스 코디 : 기존 소유 주택의 소재지와 관계없이 비조정대상지역에 2번째 주택을 추가로 취득하는 경우 주택 가액에 따라 1~3% 세율이 적용됩

니다. 3억 원 주택의 경우 1% 세율이 적용됩니다. 만약, 비조정대상지역에 1주택을 소유하고 있는 자가 조정대상지역에서 주택을 추가로 취득 시에는 8% 세율이 적용됩니다.

양도와 증여는 각각 어떻게 다른가?

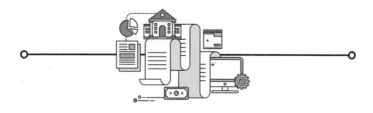

양도소득이란 일정한 자산의 양도로 발생하는 소득이며, 부동산 매매 그 자체를 목적으로 벌어들이는 사업소득과는 그 개념이 다릅니다.

양도란 자산에 대한 등기나 등록에 관계없이 매도, 교환, 현물출자 등에 의해 그 자산이 유상으로 사실상 이전되는 것을 말합니다. 통상적인 매매뿐만 아니라 부동산을 교환하거나 회사에 출자를 해도 모두 금전거래로 보고 양도소득세가 과세됩니다. 그러므로 증여나 상속에 의해서 무상으로 자산이 이전되는 경우에는 양도소득세가 아닌 상속세나 증여세가 과세되는 것입니다.

부채를 포함한 부담부증여는 부담부증여가액 중에서 일부가 양도에 해당합니다. 부담부증여란 채무를 인수조건으로 하고 증여하는 것을 말합니다. 채무가 증여재산가액에서 빠지는 경우 채무에 상당하는 증여재산가액에는 양도소득세가, 채무 이외의 증여재산가액에는 증여세가 과세됩니다.

가령 증여재산가액 1억 원 중 채무가 3천만 원 포함되어 있다면, 3천만 원에 대해서는 양도소득세, 나머지 7천만 원에 대해서는 증여세가 과세됩니다. 모든 거래에 양도소득세가 과세되는 것은 아닙니다. 양도소득세 과세 대상 자산은 아래 표에서 보는 것과 같이 한정됩니다.

구분	과세 대상
토지와 건물	부속 시설물과 구축물 포함
부동산 권리	부동산을 취득할 수 있는 권리(분양권 등) 부동산을 이용할 수 있는 권리(지상권 , 전세권 등)
주식, 출자지분	상장법인(또는 협회등록법인) : 대주주의 거래분과 장외거래분 비상장접인의 주식 : 모두 과세
기타 자산	특정 주식(부동산 과다 법인의 주식 , 골프 등 업종 영위 법인의 주식 등) 골프 , 헬스클럽 , 콘도미니엄 회원권 토지 , 건물 , 부동산 권리와 함께 양도하는 영업권

주식이라고 해서 모두 양도소득세가 과세되는 것은 아닙니다. 상장법인이나 코스닥등록법인 등이 발행한 주식을 양도하는 경우에는 대주주가 아니라면 거의 과세되지 않습니다. 소액주주가 양도한 주식에 대해서는 양도소득세가 과세되지 않습니다.

원하는 가격에 팔지도 못하고 세금은 부담되는 현실에 증여가 답이 될 수도 있습니다. 최근 강남 4구 중심으로 증여 건수가 확대되는 것이 이를 방증합니다. 2020년 서울 고가 아파트를 중심으로 공시가격이 급등하고 매매가격은 하락하면서 보유세 부담이 커진 다주택자들이 아파트 처분을 놓고 깊은 고민에 빠졌습니다. 매매가격의 하락으로 원하는 가격에 판매하지도 못하고 양도소득세까지 부담되면 매매보다는 차라리 증여가 세금 측면에선 유리할 수 있습니다.

부동산은 아직까지 안전하다고 평가받는 자산 중 하나라서 싸게 팔고 높은 세금을 부과하는 것보다 차라리 가족에게 증여해 자산가치 상승을 꾀하는 것이 현명한 방법이 될 수도 있습니다.

3

중과세는 어떤 때에 내는 건가?

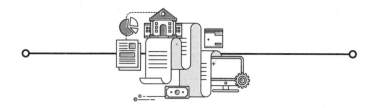

　중과세제도가 구체적으로 어떻게 적용되는가를 살펴볼까요.

　주택 수는 전국에 있는 개인이 아닌 1세대가 보유한 주택 수를 합산해서 계산합니다. 그런데 모든 주택 수를 합산하는 것이 아니라 서울과 수도권, 광역시, 세종시(읍면 지역 제외)의 주택과 이외의 지역 중 기준시가가 3억 원을 초과한 주택 수가 최소 2주택 이상이 되어야 합니다. 이렇게 합산한 주택 수가 2주택 이상이더라도 무조건 중과세 제도를 적용하는 것이 아니라 서울 등 조정대상지역에 소재한 주택들이 중과세 제도를 적용받습니다.

　가령 서울과 대전에 집이 각각 한 채씩 있다면 다주택자에 해당되어 중과세를 적용받게 되는데, 이때 서울 집을 파는 경우에만 중과세제도가 적용되는 것입니다. 대전 집은 조정대상지역에 해당되지 않기 때문입니다.

소득세법상 주택양도에 대한 중과세제도에는 1세대 1주택에 대한 양도소득세 비과세 요건 강화와 다주택 보유자에 대한 중과세율 적용 및 장기보유특별공제의 배제, 분양권 전매 시 양도세 중과 등이 있습니다. 그런데 양도소득세가 중과되는 주택은 모든 주택이 아니라 주택법상 조정대상지역 내에 있는 주택입니다.

1세대 2주택 이상의 다주택 보유자(조합원 입주권 포함)가 2018년 4월 1일 이후에 조정대상지역 내에 소재하는 주택을 양도하면 장기보유특별공제도 배제되면서 원래 양도세율(6~42%)에 각각 10%p(2021년부터는 20%p)의 세율이 추가됩니다. 그리고 3주택(조합원 입주권 포함) 이상을 소유하고 있는 1세대가 조정대상지역 내의 주택을 양도하면 원래의 양도세율에 20%p(2021년부터는 30%p)를 더한 세율이 적용됩니다.

그런데 조정대상지역의 주택이라도 양도세가 중과되지 않는 경우가 있고, 다주택 여부를 따질 때 주택 수에 포함되지 않는 경우도 있습니다. 조정대상지역 내 주택이더라도 장기임대주택 등 중과 대상 주택이 아닌 경우에는 양도소득세가 중과되지 않습니다. 그러므로 다주택자가 주택을 양도하기 전에 먼저 중과 대상 여부를 잘 따져보는 것이 필요합니다.

양도가액은 10억 원, 취득가액은 5억 원이고 10년 보유했다고 가정하여 양도소득세 중과세에 대해 시뮬레이션을 해볼까요.

2주택 중과세

- **양도차익 = 양도가액 – 취득가액 : 10억 원 – 5억 원 = 5억 원**
- **장기보유특별공제 – 0원**
- **산출세액 = 과세표준 × 세율 – 누진공제 : 5억 원 × 50% – 2,540만 원 = 2억 2,460만 원**

3주택 중과세

- **양도차익 = 양도가액 – 취득가액 : 10억 원 – 5억 원 = 5억 원**
- **장기보유특별공제 – 0원**
- **산출세액 = 과세표준 × 세율 – 누진공제 : 5억 원 × 60% – 2,540만 원 = 2억 7,460만 원**

위 계산에서 알 수 있듯이 중과세 대상 주택은 아무리 오래 보유해도 장기보유특별공제를 받을 수 없습니다. 그리고 세율도 기본세율에서 10~20%(2021년부터는 20~30%)가 가산됩니다. 그 결과 양도차익의 50~60% 정도 세부담이 발생하게 됩니다.

4

양도소득세의 세율은 어떻게 달라지나?

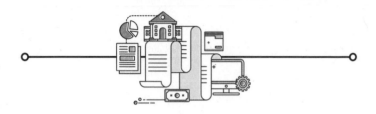

양도소득세 세율

자산	구분		2016. 1. 1. ~	2017. 1. 1. ~	2018. 1. 1. ~	2018. 4. 1. ~
토지 건물 부동산에 관한 권리	보유 기간	1년 미만	50%			
		2년 미만	40%			
		2년 이상	기본세율			
	조정대상지역내 주택분양권		기본세율		50%	
	1세대 2주택 (조합원입주권 포함)		기본세율			기본세율 (조정 대상지역만 10% 가산)
	1세대 3주택 (조합원입주권포 함)이상		기본세율 (지정지역은 10% 가산)			기본세율 (조정 대상지역만 20% 가산)
	비사업용토지		기본세율 + 10%		기본세율 + 10%	
	미등기양도자산		70%			

하나의 자산이 둘 이상에 해당할 때에는 해당 세율을 적용하여 계산한 산출세액 중 큰 세액을 납부해야 합니다.

가령 1년 2개월을 보유한 비사업용 토지를 2018년 중 양도할 때(과세표준은 5천만 원이라 가정) 납부할 세액은, 아래 금액 중 큰 금액인 2천만 원이 납부할 세액이 됩니다.

- 과세표준 × 세율 : 5천만 원 × 40% (2년 미만) = 2천만 원(누진공제 없음)
- 과세표준 × 세율 : 5천만 원 × 34%(비사업용 토지) - 5,220,000원 (누진 공제) = 1,178만 원

과세기간에 2개 이상의 자산을 양도할 때에는 과세표준의 합계액에 일반세율 적용한 세액과 각 자산별 세율을 적용한 산출세액의 합계액 중 큰 세액을 납부해야 합니다.

가령 2년 이상 보유한 비사업용 토지와 비사업용 토지가 아닌 자산을 양도할 때(비사업용 토지의 과세표준은 1억 1천만 원, 비사업용 토지가 아닌 자산의 과세표준은 4억 9천만 원이라 가정) 납부할 세액은, 아래 금액 중 큰 금액인 216,600,000원이 납부할 세액이 됩니다.

- 6억 원(과세표준 합계) × 42%(세율) - 3,540만 원(누진공제)
  = 216,600,000원
- 비사업용 토지 : 1억 1천만 원(과세표준) × 45%(세율) - 1,490만 원(누진 공제) = 3,460만 원
- 비사업용 토지가 아닌 자산 : 4억 9천만 원 × 40%(세율) - 2,540만 원(누진

공제) = 170,600,000원

둘을 더하면 205,200,000원(비사업용 토지 + 비사업용 토지가 아닌 자산)

조정대상지역 소재와 조정대상지역 외 소재 주택의 양도세

조정대상지역 소재 주택을 1세대 2주택자 또는 1세대 1주택과 1조합 입주권을 소유한 자가 양도하면 기본세율(6%~42%)에 10%를 추가한 세율(16%~52%)을 적용하고, 1세대 3주택 이상인 자 또는 1세대가 주택과 조합원입주권을 합하여 3개 이상인 자가 양도하면 기본세율에 20%를 추가한 세율(26%~62%)을 적용하여 양도소득세가 계산됩니다.

아래 표로 간단히 정리해보겠습니다.

구분		세율(%)	양도소득세
조정대상지역 외에 소재한 주택 양도		6~42	과세표준 × 세율 (6%~42%)
조정대상지역 소재	1세대 2주택자 1세대 1주택과 1조합원 입주권	16~52	과세표준 × 세율 (16%~52%)
	1세대 3주택 이상인 자 1세대가 주택과 조합원입주권을 합하여 3개 이상인 자	26~62	과세표준 × 세율 (26%~62%)

양도소득세의 기본세율과 중과세율을 정리하면 아래 표와 같습니다.

| 과세표준 | 기본세율 (%) | 중과세율 (%) | | 누진공제액 (만 원) |
| | | 조정대상지역 | | |
		1세대 2주택	1세대 3주택 이상	
1,200만 원 이하	6	16	26	0
1,200만 원 초과 4,600만 원 이하	15	25	35	108
4,600만 원 초과 8,800만 원 이하	24	34	44	522
8,800만 원 초과 1억 5천만 원 이하	35	45	55	1,490
1억 5천만 원 초과 3억 원 이하	38	48	58	1,940
3억 원 초과 5억 원 이하	40	50	60	2,540
5억 원 초과	42	52	62	3,540

가령 양도소득 과세표준이 1억 원이라 가정하여 조정대상지역이 아닌 지역에 소재한 주택, 1세대 2주택자가 조정대상지역에 소재하는 주택, 1세대 3주택자가 조정대상지역에 소재하는 주택을 양도하는 경우에 각각의 양도소득세는 얼마인가를 비교해 보겠습니다.

• 조정대상지역이 아닌 지역에 소재한 주택

1억 원 × 35%(기본세율) − 1,490만 원(누진공제액) = 2,010만 원

- **1세대 2주택자가 조정대상지역에 소재하는 주택**

1억 원 × 45%(중과세율) − 1,490만 원(누진공제액) = 3,010만 원

- **1세대 3주택자가 조정대상지역에 소재하는 주택**

1억 원 × 55%(중과세율) − 1,490만 원(누진공제액) = 4,010만 원

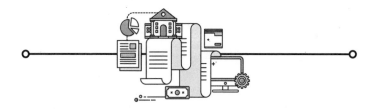

5

재산세와 종부세는 어떻게 다른가?

보유세(재산세, 종합부동산세)는 부동산을 보유하면 부과되는 세금입니다. 재산세는 물건별로 부과되고, 종합부동산세는 개인별로 과세됩니다.

	재산세	종합부동산세
건물	주택	기준시가 6억 원 초과하는 주택
	주택 외(별장 , 일반건축물 등)	×
토지	분리과세토지(농지, 공장용 토지 등)	×
	별도합산토지(상가부속 토지 등)	기준시가 80억 원 초과
	종합합산토지(나대지 등)	기준시가 5억 원 초과
선박, 항공기		×

재산세는 건물과 토지, 선박 또는 항공기에 대해서도 과세되지만, 종합부동산세는 주택과 상가부속토지와 나대지를 대상으로 부과됩니다. 보유세 계산을 잘 이해하기 위해서는 과세표준과 세율, 그리고 세부담 상한율 등에 주의해야 합니다.

재산세에는 도시지역 재산세특례분과 지방교육세 등이, 종합부동산세에는 농어촌특별세가 별도로 부과됩니다. 재산세는 기준시가에 공정시장가액비율을 곱해 과세표준을 결정하고, 종합부동산세는 기준시가에서 공제금액 6억 원 등을 차감한 금액에 공정시장가액비율을 곱해 과세표준을 산정합니다.

> 재산세 과세표준 =
> 기준시가 × 공정시장가액 비율(토지, 건축물 70%, 주택 60%)

> 종합부동산세 과세표준 = (기준시가 – 6억 원 등) × 공정시장가액 비율
> (토지, 건축물, 주택 2019년 85%, 2020년 90%, 2021년 95%, 2022년 100%)

종합부동산세의 경우 기준시가 6억 원 초과구간은 재산세도 부과되므로 이중과세의 문제가 발생합니다. 그러므로 종합부동산세 산출세액에서 재산세 중복분을 빼야 합니다. 이렇게 재산세, 종합부동산세를 계산된 금액 모두를 내는 것이 아니라 아래와 같이 세부담 상한 한도액 내에서 납부하게 됩니다.

※ 재산세 기준(주택)

기준시가 3억 원 이하 : 105%

기준시가 3억~6억 원 이하 : 110%

기준시가 6억 원 초과 : 130%

※ 종합부동산세(주택)

일반 : 150%

조정지역 2주택 : 200%

3주택 이상 : 300% (전국)

　최근 세법 개정으로 2021년 귀속분부터 개인·법인의 주택분 종합부동산세 세율이 인상됩니다.

　개인 주택분은 아래 표와 같이 세율이 인상되고 법인 주택분은 고율의 단일세율이 적용됩니다.

과세표준	2주택 이하			3주택이상, 조정대상지역 2주택		
	현행	개정		현행	개정	
		개인	법인		개인	법인
3억 원 이하	0.5%	0.6		0.6%	1.2	
3~6억 원	0.7%	0.8		0.9%	1.6	
6~12억 원	1.0%	1.2	3%	1.3%	2.2	6%
12~50억 원	1.4%	1.6		1.8%	3.6	
50~94억 원	2.0%	2.2		2.5%	5.0	
94억 원 초과	2.7%	3.0		3.2%	6.0	

2021년 귀속분부터 세부담 상한도 인상됩니다. 법인주택분 세부담상한 적용 폐지 및 개인 조정대상지역 2주택자 세부담 상한은 200%에서 300%로 인상됩니다.

구분	현행 (개인 · 법인 동일)	개정	
		과세표준	법인
일반 1 · 2주택	150%	150%	
조정대상지역 2주택	200%	300%	폐지
3주택 이상	300%	300%	

2021년 귀속분부터 법인주택분 과세가 강화되어 법인 보유 주택에 대해 종합부동산세 공제액(6억 원)이 폐지됩니다. 그리고 법인의 조정대상지역 내 신규 등록 임대주택도 종합부동산세가 과세됩니다.

1세대 1주택자 비과세되는 양도소득세

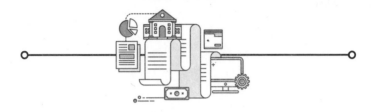

비과세 여부는 1세대를 대상으로 판단합니다. 따라서 1세대를 구성하는 구성원들이 어떻게 되고, 몇 주택을 가지고 있는가를 파악해야 합니다. 이런 1세대 개념은 중과세 판단 여부 등을 할 때에도 적용됩니다. 소득세법 제 88조 제6호에서는 '거주자 및 그 배우자가 그들과 같은 주소 또는 거소에서 생계를 같이 하는 자와 함께 구성하는 가족단위'를 1세대라고 합니다.

 세알못 : 장모와 같은 주소에서 생활하고 있습니다. 장모도 1세대에 해당하는가요?

 택스 코디 : 배우자의 직계존비속도 1세대에 해당됩니다.

즉 장인, 장모, 처형, 처남도 1세대에 해당합니다. 단, 형수, 제

수, 동서, 형부 등은 1세대에서 제외됩니다.

주택이란 상시 주거용 건물을 말합니다. 따라서 주거용 오피스텔도 비과세 대상이 될 수 있습니다. 비과세 판정 시에 주택 수에서 제외되는 주택도 있습니다. 아래와 같습니다.

> 양도소득세 감면주택, 임대주택(요건을 충족하고 임대사업등록을 한 경우),
>
> 사업용 주택, 해외 주택, 법인 소유 주택

비과세 적용 여부는 양도일 현재를 기준으로 판단합니다. 양도일은 잔금정산일과 등기일 중 빠른 날을 말합니다. 양도일을 기준으로 1주택, 2년 보유, 2년 거주 등의 요건을 충족하면 됩니다. 주의할 점은 2021년 이후부터는 2년 보유는 최종 1주택을 보유한 날로부터 산정하므로 실소유자를 제외한 다주택자들이 비과세를 받기가 힘들어질 수 있습니다.

1세대가 양도일 현재 2년 이상 보유한 국내의 1주택을 양도할 때에는 비과세됩니다. 단, 실거래가액이 9억 원을 초과하는 경우에는 제외됩니다. 주택을 구입 당시 조정대상지역에 있는 주택의 경우, 보유기간 중 2년 이상 거주해야 합니다. 그러나 아래의 경우에는 적용되지 않습니다.

- 임대주택으로 등록(세무서 및 시·군·구)하여 임대의무기간 증축한 주택
- 조정대상지역 지정일(2017년 8월 2일) 이전 취득한 주택
- 조정대상지역 지정일(2017년 8월 2일) 이전 매매계약을 체결 및 계약금을 지급한 경우(계약금 지급일 현재 무주택자에 한함)

생계를 같이하는 1세대가 국내에서 1주택을 2년 이상 보유한 후 양도하는 경우에는 양도소득세가 과세되지 않습니다. 이때 주택에 딸린 토지가 도시지역 안에 있으면 건물이 장착된 면적의 5배(도시지역 밖에 있으면 10배)까지 1세대 1주택의 범위로 합니다.

아래의 경우에 해당되면 2년 이상 보유 등을 하지 않아도 양도소득세가 과세되지 않습니다.

- 취학, 1년 이상의 질병의 치료, 요양, 근무상 형편, 학교폭력 피해로 인한 전학으로 1년 이상 살던 주택을 팔고 세대원 모두가 다른 시, 군 지역으로 이사한 경우
- 세대원 모두가 해외로 이민을 가는 경우(출국 후 2년 이내 양도한 경우에 한함)
- 1년 이상 계속하여 국외 거주를 필요로 하는 취학 또는 근무상의 형편으로 세대 전원이 출국하는 경우(출국 후 2년 이내 양도한 경우에 한함)
- 재개발, 재건축 사업에 참여한 조합원이 사업시행기간 중에 일시 취득하여 1년 이상 살던 집을 재개발, 재건축된 주택으로 세대 전원이 이사(완공 후 2년 이내)하게 되어 팔게 될 경우 단, 이 경우 재개발, 재건축주택 완공 전 또는 완공 후 2년 이내에 양도하고, 완공된 주택에서 1년 이상 계속하여 거주하여야 합니다.
- 임대주택법에 의한 건설임대주택에 살다가 분양받아 파는 경우 임차일로부터 양도일까지 거주기간이 5년 이상인 경우
- 1세대 1주택 일부 수용 후 잔존 주택 및 부수토지를 수용일(사업인정고시일 이전에 취득한 주택 및 부수토지에 한함)로부터 5년 이내 양도 시 잔존 주택 및 부수토지도 1세대 1주택 비과세에 해당합니다.

9억 원 이하의 다가구주택 1채만 있는 상태에서 이것을 2년 보유 후 가구별로 분양하지 않고 통으로 매매하면 1세대 1주택에 해당하여 양도소득세 비과세 혜택을 볼 수 있습니다. 그러나 용도 변경하거나 증축을 통해서 주택으로 이용하는 층이 3개 층을 초과하는 경우에는 공동주택에 해당하여 1세대 1주택 비과세 혜택을 볼 수 없습니다. 건축법에서 정한 다가구주택의 기준이 3개 층 이하, 바닥면적 $660m^2$ 이하, 19세대 이하이기 때문입니다.

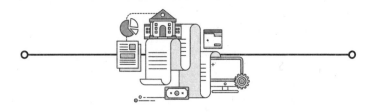

2주택자의 양도소득세 비과세 특례

현행 세법에서는 일시적 2주택사에 대해서는 다주택자로 보지 않고 실수요자로 보기에 비과세를 허용하고 있습니다. 실수요 목적 외에 부득이한 사유에 의해 2주택 이상을 오래 보유하고 있을 수도 있는데, 이럴 경우에도 비과세 특례를 적용하고 있습니다. 아래와 같습니다.

상속으로 인한 2주택

상속으로 받은 주택과 상속개시 당시에 소유한 일반주택을 각각 1채를 소유하고 있는 1세대가 일반주택을 양도하는 경우에는 국내에 1채의 주택을 소유한 것으로 보아 비과세 특례가 적용됩니다. 이때 일반주택은 양도 기한이 없습니다.

피상속인이 2주택 이상을 상속하는 경우, 피상속인이 소유한 기간이 가장 긴 1주택 등을 비과세 특례대상 주택으로 봅니다.

동거봉양 또는 혼인으로 인한 2주택

1세대 1주택자가 1주택을 가진 60세 이상의 직계존속을 부양하기 위해 세대를 합친 경우, 그 집을 합친 날로부터 10년 내에 먼저 양도하는 주택에 대해서는 비과세를 적용합니다.

혼인으로 2주택이 되는 경우, 그 혼인한 날로부터 5년 내에 먼저 양도한 주택에 대새서는 비과세를 받을 수 있습니다.

농어촌주택을 포함한 2주택

농어촌주택과 일반주택이 있는 경우, 일반주택을 양도하면 1주택을 소유한 것으로 보아 비과세가 적용됩니다.

문화제 주택을 포함한 2주택

세법상 인정하는 문화재 주택과 일반주택이 있는 경우, 일반주택을 양도하면 1주택을 소유한 것으로 보아 비과세가 적용됩니다.

재건축, 재개발 조합원 입주권을 포함한 2주택

조합원 입주권도 양도일 현재 다른 주택이 없는 경우 1세대 1주택으로 봅니다. 그러므로 입주권에 대해서도 비과세를 받을 수 있습니다. 관리처분계획인가일과 철거일 중 빠른 날 현재 2년 보유 등을 했어야 합니다.

양도일 현재 1조합원입주권 외에 1주택을 소유한 경우, 당해 1주택을 취득한 날로부터 3년 이내에 당해 조합원입주권을 양도하면 일시적 2주택으로 보아 비과세를 받을 수 있습니다.

1주택을 보유 중에 입주권을 승계 및 취득하는 경우가 있습니다. 이런 경우에도 일시적 2주택자로 보아 비과세가 적용됩니다. 아래의 요건을 충족한 경우, 입주권에 의한 주택이 완공된 날로부터 2년 내에 양도해도 1주택에 대한 비과세를 받을 수 있습니다. 단, 관리처분계획인가일 이후 입주권을 승계 및 취득한 조합원은 입주권에 대한 비과세를 받을 수 없습니다.

완공일로 2년 내에 완공주택으로 이주하고 그 주택에서 1년 이상 거주하고 완공일로부터 2년 내에 종전주택을 양도해야 합니다.

1주택 보유 중에 그 주택이 재건축, 재개발에 들어간 경우, 공사 중에 거주하기 위한 주택(대체주택)을 구입했을 때도 비과세를 받을 수 있습니다. 단 대체주택에서 1년 이상 거주해야 하고, 대체주택은 주택의 완공일로부터 2년 내에 양도해야 합니다. 그리고 주택의 완공일로부터 2년 내에 완공주택으로 이사 후 그 곳에서 1년 이상 거주해야 합니다.

8

주택 수에 따른
주택임대소득 수입금액 계산법

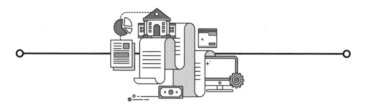

종합소득세 신고는 매년 5월 31일까지 입니다. 연간 주택 임대소득 수입금액이 2천만 원 이하라면 분리과세와 종합과세를 선택할 수 있습니다. 국세청은 홈택스에서 분리과세 전용 신고 화면, 종합 및 분리과세 예상 세액 비교, 보유주택 현황자료 등을 제공할 예정이라고 합니다. 이유는 그동안 2천만 원 이하의 주택 임대 소득에는 비과세를 적용해왔기 때문에 세금신고 경험이 없는 주택임대소득자가 쉽고 간편하게 신고할 수 있도록 하기 위해서 입니다.

주택임대소득의 총수입금액 계산

- **임대료 등** : 월세 등의 임대료 및 청소비 , 난방비 등의 유지관리비
- **보증금 등의 총수입금액(간주임대료) 계산** : 주택을 대여하고 보증금 , 전세금 등을 받은 경우에는 3주택(소형주택은 제외) 이상을 소유하고 해당 주택의 보

증금 등의 합계액이 3억 원을 초과하는 경우에 다음의 방법에 따라 계산한 간주임대료를 총수입금액에 산입해야 합니다.

구분	계산방법
기장신고	(해당 과세기간의 보증금 등 – 3억 원)의 적수 × 60/100 × 1/365(366) × 정기적금이자율 – 해당 과세기간의 해당 임대사업부분에서 금융수익 합계액 ※ 보증금 등을 받은 주택이 2주택 이상인 경우 보증금 등의 적수가 가장 큰 주택의 보증금 등부터 순서대로 차감합니다.
추계신고	(해당 과세기간의 보증금 등 – 3억 원)의 적수 × 60/100 × 1/365(366) × 정기적금이자율

정기예금 이자율

귀속연도(년)	2014	2015	2016	2017	2018	2019
이자율 (%)	2.9	2.5	1.8	1.6	1.8	2.1

주택 임대 소득 수입금액은 보유 주택 수에 따라 달라집니다. 주의할 점은 그 주택 수가 '부부 합산 기준'이라는 것입니다. 즉, 부부 명의로 된 주택 수를 합산하여, 1주택이면 비과세입니다.

단, 기준시가 9억 원 초과 및 해외 소재 주택의 월세는 과세 대상입니다. 2주택자는 월세에 대해서만 과세됩니다. 3주택자 이상이면 월세 및 전세에 대해 과세됩니다. 전세보증금 합계액이 3억 원을 초과하는 부분에 대해 일정 비율로 과세됩니다. 단, 2021년까지 전용면적 40㎡ 이하이고 기준시가가 2억 원 이하인 소형주택은 제외됩니다.

국내 소재 주택임대소득에 대한 과세 정리

주택수	받은 임대료	간주임대료
1채	비과세(고가주택은 제외)	과세 제외
2채	과세	
3채 이상	과세	(비소형 3채 이상 소유한 경우로서) 보증금 등의 합계액이 3억 원 초과하면 과세

세알못 : 소형주택의 기준이 따로 있나요?

택스 코디 : 1호 또는 1세대 당 면적이 40㎡(2018년까지 60㎡) 이하인 주택으로서 , 해당과세기간의 기준시가가 2억 원(2018년까지 3억 원) 이하의 주택을 말합니다.

9

오피스텔은 세금이 많이 나온다?

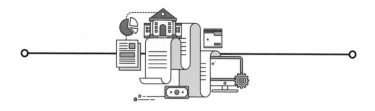

 세알못 : 부동산 투자를 생각중인데, 오피스텔은 세금이 많이 나온다고 해서 좀 꺼려지네요.

 택스 코디 : 실제로 아파트나 빌라 등 주택의 취득세가 1~3%인 반면 오 피스텔은 4%를 적용합니다. 재산세제도 훨씬 많이 냅니다.

제대로 이해가 필요한데 오피스텔의 세금이 많은 것이 아니라 일반 주택의 세금이 적은 것입니다. 부동산 취득세는 기본적으로 4%를 기준으로 합니다. 상가, 토지, 건물 등은 모두 4%를 적용하 며, 예외적으로 원시 취득이나 상속 등은 낮은 세율을 적용합니 다. 부동산 세금이 낮은 게 아니라 주택에 대해서만 세금 혜택을 주고 있는 것입니다. 우리가 주로 접하는 부동산이 주택이다 보 니 주택을 기준으로 생각하니 다른 세금이 높아 보이는 것입니다.

주택에 대한 세금이 다른 부동산에 비해 적고, 양도소득세 비과세 혜택이 있는 것도 같은 맥락입니다. 특히 전용면적 $40m^2$ 이하 소규모 주택은 더욱 혜택이 많습니다. 각종 과세대상에서 제외될 뿐 아니라 부동산 보유 개수에 포함되지 않는 경우도 있습니다.

오피스텔을 임대하는 사업자들은 일반과세사업자로 등록을 하는 것이 유리합니다. 사업자등록을 하고 난 뒤 분양받을 때 냈던 금액 중 부가가치세를 환급받아야 하기 때문입니다. 다만, 간이과세사업자는 부가가치세 환급이 불가합니다.

세알못 : 오피스텔 1층에 위치한 점포를 임대하고 있다가 이 점포를 팔게 되었습니다. 세금정리를 어떻게 해야 하나요?

택스 코디 : 먼저 폐업신고를 하고 그동안의 임대소득에 대한 부가가치세와 이번 양도에 따른 부가가치세를 신고해야 합니다. 소득세 신고는 내년 5월에 하면 됩니다.

세알못 : 양도에 대한 부가가치세가 발생하는가요? 오피스텔을 산 지 10년이 넘으면 부가가치세가 발생하지 않는다고 들었습니다.

택스 코디 : 오피스텔을 면세로 전용한 경우와 양도한 경우 부가가치세가 과세되는 형태가 다릅니다. 오피스텔을 보유한 대다수가 이를 정확히 알고 있지 않습니다.

분양받을 때 부가가치세를 환급받고 본인이 사용(면세로 전용)하면 당초 환급받은 세액 중 사업과 관련이 없는 부가가치세는 납부해야 합니다. 이런 제도를 운영하는 기간은 분양 후 10년으로, 이 보유 기간이 지나면 본인이 사용하더라도 부가가치세는 과세되지 않습니다. 그러나 주거용이 아닌 사무용으로 사용되는 오피스텔을 팔게 되면 재화가 공급될 때마다 부가가치세가 과세되는 원리에 따라 토지를 제외한 건물 가격의 10%가 부가가치세로 과세됩니다. 이 부가가치세는 건물을 산 사람이 부담하게 됩니다.

세알못 : 제가 정확히 알지 못해 모든 세금은 파는 사람이 부담한다고 계약서를 작성했는데, 어떻게 하나요?

택스 코디 : 오피스텔을 사는 사람이 일반과세사업자라면, 거래한 금액 중 토지와 건물을 기준시가로 안분해서 건물 가격을 계산한 뒤 그 건물 가격의 10%를 부가가치세로 산정하고 추가로 부가가치세를 포함한 금액을 받아 세금을 납부하면 됩니다. 단, 사업장 주소 앞으로 세금계산서를 발급해야 합니다. 그러면 세금계산서를 발급받은 사장님은 다시 부가가치세를 환급받으면 되기 때문에, 이렇게 처리하면 서로에게 아무런 피해 없이 원만하게 일이 마무리 될 수 있습니다.

오피스텔과 관련해 중요한 문제가 있습니다. 오피스텔을 주거용으로 임대하는 경우에는 부가가치세를 면제합니다. 당초 분양받을 당시 오피스텔에 대한 부가가치세는 업무용 시설로 보아 환급을 받을 수 있었습니다. 하지만 이를 부가가치세가 과세되지 않는 사업(거주용 임대)에 사용하는 경우에는 당초 환급받은 부가가치세를 반납해야 한다는 사실입니다.

그렇다면 주거용으로 임대한 후에 사업용(임차인이 사업자등록을 하면 된다)으로 사용된다면 반납된 세금을 다시 환급받을 수 있는 지가 궁금해집니다. 이에 대해 최근에 공제를 받을 수 있는 규정이 신설되어 이를 돌려받을 수 있게 되었습니다. 한편 사업자 간에 사업을 포괄적으로 양수도하면 위의 사례처럼 거래에서 발생한 부가가치세 없이도 거래할 수 있습니다.

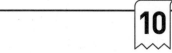

10

비과세와 감면을 구별하고 활용하자

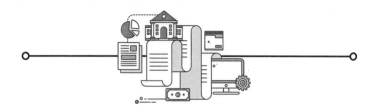

세알못 : 세액 감면 100%나 비과세나 같은 말 아닌가요?

택스 코디 : 감면은 과세표준에 포함시켜서 계산을 했다가 깎아주는 것이고, 비과세는 처음부터 계산에 포함하지 않는 것입니다. 둘 사이에는 분명한 차이가 있습니다.

대부분 두 가지 모두 비슷한 결과를 보이지만, 간혹 그렇지 않을 때도 있습니다.

2013년 4.1 부동산 대책에서 가장 중요한 부분이 양도소득세 100% 감면 혜택이었습니다. 2013년 4월 1일부터 12월 31일까지 미분양주택이나 1세대 1주택자의 집을 매입하면 5년 이내에 양도할 때 발생하는 양도소득세를 100% 감면해준다는 정책이었습니다.

이 기회를 놓치지 않고 투자자들은 1주택자의 집만 골라서 싸게 매입하고 몇 개월 후에 시세대로 파는 이른바 단타 투자를 했습니다. 원래대로라면 보유 기간이 1년 미만인 경우 양도차익의 40%를 세금으로 내야 하는데, 4.1 부동산 대책으로 이 적용 기간에 경매로 매수한 주택도 모두 감면 대상 주택이 되기 때문에 가능했던 일입니다.

1억 원에 낙찰받은 집을 서너 달 후 1억 3천만 원에 팔면 양도차익이 3천만 원입니다. 원래대로 계산하면 양도소득세가 1,200만 원 발생하지만, 이 정책으로 1,200만 원 모두 감면을 받았던 것입니다. 이런 경우 양도소득세는 100% 감면되지만 양도소득세의 20%에 해당되는 농어촌특별세는 납부해야 합니다. 농어촌특별세를 납부해도 1천만 원 가까이 득을 본 것입니다.

감면 제도를 늘 따라다니는 보너스 조항이 또 있습니다. 감면 대상 주택을 취득하면 이 주택은 양도소득세 비과세 주택 수를 판정할 때 전체 보유 주택 수에서 제외된다는 사실입니다(단, 중과 주택 수 판정에는 포함). 가령 가지고 있는 주택 100채 모두 감면 대상 주택이고 여기에 별도로 주택이 하나 더 있다고 가정하면, 그 별도의 주택을 2년만 보유하면 1세대 1주택으로 인정받아 양도소득세가 비과세됩니다.

집을 두 채 가진 사람은 집을 팔기 전 감면 대상 주택이 있는지 꼭 확인해봐야 합니다. 참고로 2008년 이후부터 시·군·구청에서는 감면 대상 주택의 경우 계약서에 감면대상기존주택임을 확인하는 날인을 찍어주고 있습니다.

아파트 당첨권에 대한
양도소득세는 어떻게 되나?

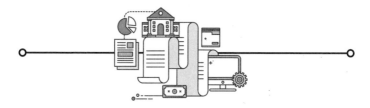

아파트 당첨권은 부동산을 취득할 수 있는 권리이므로 이를 양도하는 경우, 양도소득세 및 지방소득세를 납부해야 합니다.

2018년 1월 1일부터 조정대상지역 내 주택 분양권 양도 시 50%의 단일세율이 적용됩니다. 그러나 무주택자로서 양도 당시 다른 분양권이 없고 30세 이상(30세 미만으로서 배우자가 있거나 배우자가 사망, 이혼한 경우 포함) 및 조정대상지역 공고 전 매매계약 하고 계약금을 받은 사실이 증빙서류에 의해 확인되는 경우, 기본 세율 적용(2018년 8월 29일 이후 양도분부터)됩니다.

분양권은 주택에 해당되지 않습니다. 그러므로 입주권처럼 다른 주택의 과세방식에 영향을 주지 않습니다. 2019년 2월 12일 이후부터 분양권(입주권 포함)을 배우자에게 증여한 후에 5년 이내에 양도하면 이월과세제도를 적용받습니다.

재개발, 재건축 조합원이 조합원 입주권을 양도하는 경우, 기존 주택이 권리처분계획인가일과 주택의 철거일 중 빠른 날 현재 1세대 1주택 비과세 요건을 갖추고, 양도일 현재 다른 주택이 없는 경우(일시적인 1세대 2주택에 해당하는 경우 포함) 비과세됩니다.

세알못 : 재건축, 재개발 입주권도 중과 대상인가요?

택스 코디 : 조합원 입주권은 중과주택 수를 계산할 때 포함되지만, 그 자체를 매도할 때는 중과가 적용되지 않습니다. 반면 분양권은 중과주택 수에 포함되지도 않고, 그 자체를 매도할 때도 중과 적용되지 않습니다.

　그런데 조합원 입주권과 분양권을 헷갈려 하는 사람이 많습니다. 쉽게 사례를 들어 설명해볼까 합니다.

　가령 어느 재개발 지역에 헌 집이 1,000세대가 있는데, 이를 허물어 새로운 집을 1,500세대 짓는다고 가정해봅시다. 헌 집을 가지고 있었던 1,000세대는 새집을 분양받을 수 있는 권리를 갖게 됩니다. 이것이 조합원 입주권입니다.

　새로 생긴 500세대는 일반에게 공모해서 분양하게 되는데, 이것이 분양권입니다.

　정리하면 분양권은 원래 없었던 주택이 새로 생기는 것이기 때문에 실제로 집이 지어지고 등기가 되기 전까지는 주택으로 보지 않습니다. 그런 이유로 분양권은 주택 수에 포함되지 않습니다.

그러나 조합원 입주권은 주택 수에 포함됩니다. 헐리기 전부터 주택으로 사용했던 집이 존재했고, 조합원 입주권은 그 집을 그대로 승계한 것으로 보기 때문입니다.

서울에 주택 2채와 조합원 입주권 1개를 가지고 있을 때와 분양권 1개를 가진 경우 중과주택 수는 전자는 3채이고 후자는 2채가 됩니다. 전자가 주택을 팔 경우에는 3주택이므로 20%p 중과가 적용되고 후자는 2주택이라서 10%p의 중과가 적용됩니다.

조합원 입주권은 그 자체를 팔 때는 중과가 적용되지 않고 일반세율이 적용됩니다. 보유기간이 1년 미만일 때는 단일세율 40%, 1년을 초과했을 때는 기본세율이 적용됩니다.

최근 개정된 세법에 따라 2021년 1월 1일 이후 취득분부터 양도소득세제상 주택 수 계산 시 분양권도 포함됩니다. 1세대 1주택자·조정대상지역내 다주택자 등 양도소득 세제상 주택 수를 계산할 때 분양권을 포함하여 주택 수가 계산되는 것입니다. 2021년 6월 1일 이후 양도분부터 2년 미만 보유 주택(조합원입주권·분양권 포함)에 대한 양도 소득세율이 인상됩니다.

(단기 : 1년 미만: 40% → 70%, 1~2년: 기본세율 → 60%)

구분		현행				개정	
		주택 외 부동산	주택·입주권	분양권		주택·입주권	분양권
				조정	非조정		
보유기간	1년미만	50%	40%		50%	70%	70%
	2년미만	40%	기본세율	50%	40%	60%	60%
	2년이상	기본세율	기본세율		기본세율	기본세율	

세알못 : 2020년 현재 1주택과 1분양권을 보유하고 있습니다. 주택 수를 계산할 때 분양권을 주택수에 포함하는가요?

택스 코디 : 2020년 현재 보유하고 있는 분양권은 주택 수에 포함하지 않고 2021년 1월 1일 이후 새로 취득하는 분양권부터 주택 수에 포함됩니다.

세알못 : 1세대 1주택자가 2021년 4월 2일에 분양권을 취득하는 경우, 1세대 2주택에 해당하는가요?

택스 코디 : 2주택에 해당하나, 현재 조합원입주권에 적용되는 일시적 2주택(1주택＋ 1조합원입주권) 비과세와 유사한 특례를 분양권(1주택＋1분양권)에도 예외적으로 적용하도록 시행령에 규정할 예정입니다.

세알못 : 비조정대상지역에 있는 2년 이상 보유한 분양권을 2021년 6월 1일 이후 양도하는 경우 양도소득세율은 어떻게 되나요?

택스 코디 : 분양권을 2021년 6월 1일 이후 양도하는 경우, 조정대상지역 또는 비조정대상지역 여부에 상관없이 2년 이상 보유하더라도 60% 세율이 적용됩니다.(1년 미만 보유 시 : 70%, 1년 이상 보유 시 : 60%)

12

상속이 유리한가, 증여가 유리한가?

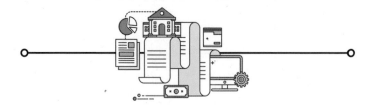

상속이 발생했을 때 무상으로 이전되는 재산에 대해 부과되는 세금은 상속세이고, 생전에 무상으로 이전되는 재산에 대해 부과되는 세금은 증여세입니다. 두 가지 모두 무상으로 이전 되는 재산에 대해 부과된다는 점에서 과세구조가 유사합니다.

최근에는 다주택자들이 비과세나 중과세를 피하기 위해 증여하는 일들이 많아지고 있습니다.

상속세와 증여세는 공제금액의 크기에 따라 세금의 크기도 달라집니다. 상속공제에는 일괄공제와 배우자상속공제, 가업상속공제, 금융재산공제 등이 다양하게 있습니다.

일괄공제는 기초공제나 연로자공제 등을 대신해 5억 원을 무조건 공제하는 제도입니다.

배우자 상속공제는 배우자의 법정상속지분을 한도로 실제 상속받은 재산가액(사전 증여받은 재산은 제외)을 최저 5억 원에서 최대 30억 원 사이에서 공제하는 제도를 말합니다.

가업상속공제는 가업 영위기간이 10년 이상인 경우 가업상속가액의 100%를 최대 200 ~ 500억 원까지 공제하는 제도입니다.

금융재산공제는 상속재산가액에 금융재산이 포함되어 있는 경우 최고 2억 원 한도로 공제하는 제도입니다.

증여공제는 배우자간에는 6억 원, 직계존비속간에는 5천만 원(미성년자는 2천만 원), 기타 친족 간에는 1천만 원이 공제됩니다. 증여공제는 최종 증여일로부터 소급해 10년간 누적합산해 적용합니다. 성년자에 대한 증여공제는 10년간 5천만 원까지 가능한데, 부모와 조부모 자녀 등 모든 직계존비속의 증여금액을 합해서 공제합니다

세알못 : 나중에 한꺼번에 상속을 하게 되면 세금이 많이 나올 거라고들 하는데, 그렇다고 철없는 자녀들에게 재산을 증여하자니 썩 내키지 않네요. 상속과 증여 중 어느 쪽을 선택해야 하나요?

택스 코디 : 증여세는 증여받은 재산가액이 많으면 세율이 올라가는 누진세 구조입니다. 그러므로 한꺼번에 증여를 하는 것보다는 나누어 증여

하는 것이 유리합니다.

세법에서는 이러한 편법을 막기 위해 10년 동안 같은 사람(증여자가 직계존속인 경우에는 그 직계존속의 배우자 포함)으로부터 여러 차례 증여를 받은 경우 증여재산가액을 모두 합산해 세금을 계산하도록 하고 있습니다. 다만, 합산한 금액이 1천만 원 이상인 경우에만 다시 계산해야 합니다.

그리고 증여재산공제(배우자나 직계존비속, 기타 친족으로부터 증여를 받은 경우)를 통해 증여재산가액에서 일정 금액(배우자 : 6억 원, 직계존비속 : 5천만 원, 6촌 이내의 혈족 또는 4촌 이내의 인척 : 1천만 원)을 빼고 계산합니다.

가령 성년인 자녀가 아버지와 어머니로부터 10년 동안 각각 5천만 원을 증여받으면, 총 1억 원을 공제받는 것이 아니라, 수증자가 동일하므로 10년 간 5천만 원만 공제를 받을 수 있습니다.

상속세도 증여세처럼 누진세 구조이므로 상속재산이 많은 경우, 상속세를 줄이기 위해서 사전에 증여를 통해 재산을 줄이는 것이 효과적입니다.

세법에서는 상속 개시 전 일정 기간(피상속인이 상속인에게 증여한 경우에는 10년, 상속인이 아닌 자에게 증여한 경우에는 5년) 내에 증여한 재산은 상속재산에 가산해 상속세를 계산하는 제도를 두고 있습니다. 이때 납부한 증여세는 상속세 산출세액에서 공제합니다. 그러므로 자녀에게 재산의 일부를 증여하고 싶다면, 최소한 상속 개시 전 10년 전에 증여를 해야 상속재산에 합산되지 않습니다.

증여세는 10년을 기준으로 계산합니다. 증여재산공제도 마찬가지로 10년 간을 기준으로 일정 금액을 공제합니다. 그러므로 10년의 간격을 두고 증여하면 증여액이 분산되고 증여재산공제도 최대한 받기 때문에 세금이 줄어듭니다. 정리하면 증여 계획이 있다면 10년 단위로 증여 계획을 세우는 것이 절세인 것입니다.

 세알못 : 증여를 받고 신고 기한 전에 돌려주면 어떻게 되나요?

 택스 코디 : 질문과 같은 경우에는 처음부터 증여가 없었던 것으로 판단하여 증여세는 부과되지 않습니다. 단, 금전은 제외됩니다.

그리고 수증자가 증여받은 재산을 증여세 신고 기한이 지난 후 3개월 내에 증여자에게 반환하거나 증여자에게 다시 증여하는 경우에는 당초 증여에 대해 증여세를 과세하지만, 반환하거나 다시 증여하는 것에 대해서는 증여세가 과세되지 않습니다. 여기서 금전은 제외됩니다. 만약 3개월이 더 지난 뒤에 반환하거나 다시 증여하는 경우에는 모두에 대해 증여세가 부과됩니다.

13

부모님 집에 대출이 더 많다면, 상속받아야 하나?

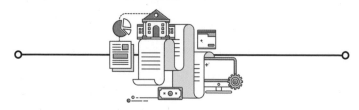

세알못 : 상속액보다 빚이 많을 때는 어떻게 하나요?

택스 코디 : 주저하지 말고 상속을 포기하는 것이 현명한 방법입니다. 포기는 상속개시일(사망일)부터 3개월 이내에 가정법원에 신청해야 합니다.

도대체 빚이 얼마나 있는지 알 수 없다면 한정승인을 신청해야 합니다. 한정승인이란 나중에 빚이 나오더라도 상속받은 재산의 범위 내에서 빚도 물려받는 것을 말합니다. 상속개시가 있음을 안 날(이 기간 경과 시 그 채무가 있음을 안 날)로부터 3개월 이내에 피상속인의 최종 주소지 관할 법원에 신청서를 제출하면 됩니다.

상속재산이 있기는 하지만 상속세가 과세되지 않을 정도의 재산(보통 10억 원 미만)일 경우 상속에 따르는 등기나 상속세를 신고하지 않아도 상속세는 과세되지 않습니다.

▲ 재산 상속 포기 신고서 샘플

이런 경우에는 취득세가 문제될 수 있습니다. 상속재산이 1세대 1주택이거나 농지인 경우에는 취득세를 감면받을 수 있기 때문에 시간을 내서 등기하면 되지만, 상가나 1세대 1주택이 아닌 주택 등에 대해서는 상속개시일이 속하는 달의 말일부터 6개월 이내에 취득신고, 납부를 해야 합니다.

14

분할상속일 경우에
세금은 어떻게 되나?

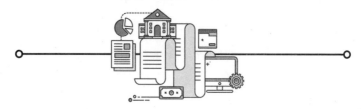

상속재산보다 부채가 더 많은 경우에는 상속인에게 일방적으로 불리할 수 있기 때문에 민법에서는 상속인이 상속을 포기할 수 있는 제도를 두고 있습니다. 상속을 포기하면 피상속인은 상속인의 재산을 받지 않는 대신 채무도 책임질 필요가 없습니다. 상속인은 상속 개시가 있음을 안 날로부터 3개월 내에 단순승인이나 한정승인 또는 상속 포기를 할 수 있습니다.

 세알못 : 상속인이 갑자기 사망할 경우. 상속재산 파악이 힘들 때에는 어떤 방법이 있나요?

 택스 코디 : 다행히 상속재산을 조회할 수 있는 서비스가 있습니다.

- **금융재산**

  금융감독원이나 시중은행, 우체국 등 지정된 금융기관을 방문해서 신청하면 피상속인 명의의 예금이나 대출, 증권계좌, 보험계약 등에 대한 정보를 확인할 수 있습니다.

- **토지**

  국토교통부나 시청, 도청 등의 지적부서를 방문해 신청하면 피상속인의 토지와 관련된 정보를 확인할 수 있습니다.

민법에서는 같은 순위의 상속인이 여러 명일 때는 상속 지분을 균등하게 하도록 규정하고 있습니다. 배우자의 경우에는 직계비속 및 직계존속의 상속분의 50%를 가산하도록 하고 있습니다. 남편이 사망하고 배우자와 자녀 2명이 있는 경우라면 배우자는 1.5, 자녀들은 각각 1씩의 상속분을 갖습니다.

그런데 세법에서는 상속인들이 각자의 상속분대로 상속하지 않고 특정 상속인이 법정 상속분을 초과해서 재산을 취득하더라도, 이를 증여로 보지 않습니다. 그리고 각 상속인의 상속분이 확정되어 등기 등이 된 후에, 공동 상속인이 협의한 결과 특정 상속인이 당초 상속분을 초과해서 취득하더라도, 재분할이 상속세 신고기한 이내이면 증여로 보지 않습니다.

 세알못 : 재분할이 신고기한이 지나 이루어지면 어떻게 되나요?

 택스 코디 : 그 분할에 의해 상속분이 감소한 상속인이 상속분이 증가한 상속인에게 증여한 것으로 보아 증여세가 부과됩니다.

만약 상속 신고기한 내에 상속재산을 협의·분할하면서 특정 상속인이 자신의 상속 재산을 포기하고 그 대가로 다른 상속인으로부터 현금 등을 수령하면, 포기하는 상속인의 지분에 해당하는 재산이 다른 상속인에게 유상으로 이전된 것으로 간주해 양도세가 부과될 수 있습니다.

상속인이 여러 명일 때 상속재산에 대한 상속세는 상속인 각자가 받았거나 받을 재산을 한도로 연대납세의무를 집니다. 그러므로 여러 명의 상속인 중에서 한 상속인이 자기 상속 지분에 대한 상속세를 내지 않으면 그 상속세를 다른 공동 상속인들이 각자가 받은 상속재산을 한도로 대신 납부해야 합니다.

그런데 민법에 따라 상속을 포기하면 상속이 개시된 때부터 그 포기의 효력이 발생하기 때문에 상속을 포기한 사람은 처음부터 상속인이 아닌 것으로 간주되어 연대납세의무도 지지 않습니다.

하마터면
세금상식도
모르고
세금 낼 뻔
했다

초판 1쇄 인쇄 2020년 10월 23일
초판 2쇄 발행 2020년 12월 30일

글쓴이 택스 코디(최용규)

펴낸이 박세현
펴낸곳 팬덤북스

기획 위원 김정대 김종선 김옥림
기획 편집 윤수진 정예은
디자인 이새봄 이지영
마케팅 전창열

주소 (우)14557 경기도 부천시 부천로 198번길 18, 202동 1104호
전화 070-8821-4312 | **팩스** 02-6008-4318
이메일 fandombooks@naver.com
블로그 http://blog.naver.com/fandombooks

출판등록 2009년 7월 9일(제2018-000046호)

ISBN 979-11-6169-128-2 03320